교과와 만난
독서수업,
교실을
바꾸다

교과와 만난
독서수업, 교실을 바꾸다

초판 1쇄 인쇄 2016년 10월 15일
초판 3쇄 발행 2020년 5월 30일

지은이 김마리아, 목효정, 이재연

펴낸이 강기원
펴낸곳 도서출판 이비컴

디자인 이유진
마케팅 박선왜

주 소 서울시 동대문구 천호대로81길 23, 수하우스 201호
전 화 02)2254-0658 팩스 02-2254-0634
메 일 bookbee@naver.com
출판등록 2002년 4월 2일 제6-0596호
ISBN 978-89-6245-129-0 03370

「이 도서의 국립중앙도서관 출판예정도서목록(CIP)은 서지정보유통지원시스템 홈페이지
(http://seoji.nl.go.kr)와 국가자료공동목록시스템(http://www.nl.go.kr/kolisnet)에서
이용하실 수 있습니다.(CIP제어번호: CIP2016024883)」

교과와 만난

독서수업,
교실을
바꾸다

수능도 울고 갈 힘센 공부!
재미있는 '독서논술·토론·융합 수업'이야기

김마리아·목효정·이재연 지음

이비락 樂

전 시흥고등학교장 강호경

늘 꿈꾸었던 수업 풍경이 내 눈앞에서 전개되고 있어 무척 황홀하였습니다. 교과 내용과 연계하여 독서로 무장한 학생들의 토론이 이어지고, 조언과 조절의 역할만으로도 선생님들은 존경의 대상입니다. 사고력이 샘솟고 지식이 지혜로 바뀌면서, 탐구의 세계로 흥미진진하게 빠져들어 가는 융합 수업의 모습이 참으로 보기 좋았습니다.

처음 독서지도사분들이 학교에 배치되고 선생님들의 따가운 시선이 집중되었습니다. 심지어 자기 반 수업은 비껴가게 해달라는 학생도 있었습니다. 그러나 살아있는 생생한 독서 활동 및 감상과 토론에 이르러 주목받기 시작했고, 윤리와 사회, 미술, 음악과의 융합 수업은 백미였습니다. 각종 토론대회에서의 입상 소식이 잦아들고, 전교생의 생활기록부 내용이 풍부해졌습니다.

지금 독서지도 선생님들을 학교에서 다시 뵙기 어려운 상태이지만 다행히 그분들이 지난 5년간 일궈낸 결실이 오롯이 한 권의 책으로 엮어졌습니다. 그분들이 꿈꿔오셨던 학교 수업에로 한발 짝 다가설 수 있는 알차고 좋은 지침서라고 생각합니다.

학교 현장에 계신 모든 선생님들께 일독과 실천을 간절히 권해드립니다.

"선생님 어디서 오셨어요? 선생님 월급은 받으세요?"

학교 수업에 들어가 수업을 하는 중에 학생들로부터 받은 질문이다. 독서지도사는 사교육에만 있는 사람이라고 생각했는데 공교육 현장인 학교에서 수업을 하고 있는 모습이 낯설게 느껴졌나 보다. 사교육 선생님이던 독서지도사들이 공교육 현장에서 5년 동안 프로젝트 수업을 진행하였다. 교육청(경기도)의 주도로 이루어졌는데 5년 간의 한시적 프로젝트였다.

5년의 시간은 학생들의 중등학교 입학에서 졸업까지의 과정을 지켜볼 수 있는 시간이다. 1학년의 풋풋한 모습을 보여주는 학생들이 학교에 적응하는 1년을 독서지도사도 함께 겪으며 학교의 새내기로 교사와 학생들의 분위기를 파악하는 시간이 되었다. 그 시간 독서수업의 맛도 보여주고 교과연계 수업과 창의적 체험활동, 방과 후 수업을 하며 학교에 어울리는 프로그램 고민에 시간을 투자했다. 2년차에는 학교의 분위기를 파악하고 개별 학교에 맞는 독서수업을 연구하여 학생들에게 적용하면서 1년의 성과에 기뻐하기도 했다. 3년차, 4년차, 그리고 5년차의 시간에는 자리 이동으로 새롭게 들어온 선생님들에게 학교의 모습을 안내해주는 붙박이 독서지도사의 모습도 있었다.

이런 과정 속에서 학생들과 시행착오를 거치며 학교에서 진행하는 독서 프로그램이 만들어지고 외부 교사들에게 공개하며 시범수업을 진행하기도 했다. 이렇게 해서 만들어진 독서수업, 교과연계수업, 융합 수업 등이 학교에 뿌리 내리기를 바라는 마음이 있지만 얼마나 이루어질지는 이미 외부인이 된 독서지도사의 입장에서는 아직 가늠하기 어렵다. 그래서 5년 간에 걸쳐 진행된 모든 수업 노하우를 한 권의 책으로 정리해보기로 의견을 모았다.

첫 번째 자료, 〈살아 있는 생생한 독서〉는 대집단 수업을 통해 책읽기의 즐거움과 효과를 느끼게 해주는 프로그램이다. 독서수업에서 가장 힘들지만 중요한 일이 책읽기다. 소그룹의 사교육을 할 때는 미리 책을 나눠 주고 읽어 오게 하지만 학교에서는 책 나눠 주기가 힘들고 모두 읽어 온다는 것은 거의 불가능하다. 그래서 수업시간을 이용해 일정정도 책 읽는 시간을 주고 읽은 내용을 확인하는 과정을 거치며 책읽기의 흥미를 갖게 하는 노력이 있다. 중등학교의 수업시간이 45분 내외지만 이 시간 동안 책을 읽으라고 하면 모두 잠에 빠져 버린다. 학생들이 집중해서 읽을 수 있는 시간은 20분 내외. 그 시간에 적극적으로 읽고 간단한 활동지를 작성하며 시간을 활용하는 방법이 들어있다. 책을 읽으며 질문을 만들고, 다른 친구에게 자신이 읽은 책을 소개하는 직소토론 등은 책을 읽기 위한 적극적인 작업이었다. '책 읽어!'하며 그냥 던져 주면 소수를 제외하곤 읽는 학생은 거의 없을 것이다. 이런 과정을 거치며 부정적 읽기 경험이 있었던 학생들이 즐거운 읽기를 하게 되는 변화가 있었다. 책과 함께 하는 수행평가, 모의면접 등은 막연하게 과제만 던져주던 이전의 방식을 벗어나 구체적인 자료를 책으로 제시하고 답을 찾아가는 방법을 연구한 자료이다.

두 번째 자료, 〈감상이 있는 독서〉는 영화와 그림 등을 이용하여 독서의 필요성을 알려주는 프로그램이다. 당시 근무했던 지역은 경제적으로 다소 열악한 환경이었고 그곳의 학생들은 꿈꾸기를 포기한 경우도 많았다. 이런 친구들에게 호기심을 갖게 하고 꿈을 찾게 하기 위한 활동을 '영화 따라가기'의 모델로 진행하였다. 그림이나 명화를 보며 그에 대한 감상을 말하고 글로 표현하며 독서가 자연스럽게 스며드는 모습을 확인할 수 있다. 국어시간에 소설 읽기는 수업시간에 시험을 위해 분석하는 소설읽기가 아니라 문학작품을 스스로 질문하며 감상하는 모델이 들어있다. 스스로 하는 독서동아리는 학생들 스스로 수업을 기획하고 진행하는 수업을 보여 준다.

세 번째 자료인 〈토론이 있는 독서〉는 교과연계 독서수업의 프로그램이다. 교과서를 가르치는 게 아니라 수업을 해야 한다는 원칙은 알고 있지만 시간이 없어서, 시험을 위해서 교과서만 수업하고 있는 경우가 많다. 그래서 그 교재의 주제, 소재 등을 이용하여 도서와 미디어, 시사자료를 연계하여 교과연계 독서수업을 진행했다. 교과에서 배운 지식을 재미있어 하지 않고 궁금한 것이 없는 이유는 내 생활과 관계가 없다고 생각하기 때문이다. 교과에서 배운 지식을 현실 생활에 접목시키는 작업은 매우 중요한 일이다. 윤리교과와 연계한 '안락사' 수업, 사회과목의 '동성애 주제' 수업은 학생들에게 토론의 맛을 느끼게 해주었다. 그 외 미술, 역사, 논술 융합 수업, 음악, 철학, 논술 융합 수업의 자료가 있다. 융합 수업은 하나의 주제를 해결하기 위해 두 개 이상의 교과와 도서를 이용했다. 여러 개의 교과가 주제별로 결합하여 스스로 문제를 만들고 해결해가는 과정에 교과의 지식이 적용되었다.

책에 소개한 다양한 독서교육 자료는 학교의 안과 밖에서 독서지도를 하시는 모든 선생님들이 보았으면 하는 바람이다. 이 자료를 그대로 이용할 수도 있지만 각 학교 상황과 학생들의 수준, 교사의 특성에 따라 달리 활용해도 좋다. 아울러 두려워하지 말고 부딪혀 볼 것을 응원한다. 100번 책을 보고 고민하는 것보다 한 번 시도해서 실패해 보는 작업이 더 많은 배움을 준다. 한 번의 실패는 두 가지 이상의 수업 노하우를 알려줄테니까 ….

이번 장에서는 학교에서 만난 학생들에게 실질적이며 실제적으로 다가갈 수 있는 독서수업 사례들로 구성해 보았다. 책 읽기에 대해 부정적 경험이 일반화되어 있는 학생들과 함께 한 권의 책을 어떻게 읽고 어떤 방법으로 서로의 생각을 함께 나누었는지, 문학류의 읽기에만 치중한 학생들에게 보다 다양한 종류의 책을 읽기 위해 어떤 방법을 사용했는지 등을 수업으로 풀어보았다.

또한 '책만 읽으면 독서는 끝!'이라는 생각을 가진 대다수 학생들에게 오히려 책을 읽고 난 후가 더 중요하며 더 많은 시간과 공을 들일 필요가 있다는 것을 수업을 통해 전해주고 싶었다. 혼자 하는 분절적 독서에서 친구들과 책을 곱씹어 보는 시간이야 말로 독서의 꽃이라는 걸 마음에 남겨주고 싶기에. 이를 위해 학생들의 삶과 밀접하고 유사한 상황을 만들어 다양한 활동을 통해 이를 느낄 수 있는 독서 프로그램을 구성하여 구현해 보았다.

교과서 속 주제와 책이 만나 토론의 장을 만들기도 하였으며 책과 수행평가가 만나 풍성하고 깊이 있는 사고의 확장을 펼칠 수 있도록 도왔다. 모의면접을 치르며 자신을 돌아보고 진로탐색을 위해 '나'를 찾아 떠나는 책 속 여행의 길로 들어서기도 했다. 신문으로 세상을 엿보고 시사상식을 키우며 자신의 생각을 만들어 갔다. 나아가 세상의 문을 열고 두드릴 수 있는 기회와 시간을 주고자 하였다. 또한 자신의 책을 만들며 '나'를 돌아보며 꿈을 키워가기도 하였다. 그래서 이번 장에서는 우리들의 생생한 생활 밀착형 독서수업 이야기를 풀어내고자 한다.

1장.

살아 있는
생생한 독서

1.
한 학교 한 책 읽기

「난 아프지 않아」 이병승 외 / 북멘토

| 수 업 엿 보 기 |

30명의 학생이 숨 쉬고 있는 공간이 적막하다. '혹시 딴 생각을 하고 있는 걸까?' 학생들의 눈을 따라가 본다. 학생들의 눈은 책 속 글자를 응시하고 있다. 몰입하고 있는 것일까? 방금 전까지 고삐 풀린 망아지처럼 도서관을 종횡

무진 하던 학생들이 책 속에 흠뻑 빠진 듯하다. 그 모습이 너무 예뻐 한참을 바라본다. 책에 파묻혀 있던 눈동자가 하나 둘 책에서 눈을 거둬 고개를 든다. 독서지도사는 학생들의 눈을 보며 표정을 살핀다. 어안이 벙벙한 표정을 한 학생, 마지막 작가의 말에서 눈을 떼지 못하고 마지막 책장을 그대로 잡고 있는 학생, 마치 일시정지의 화면처럼 멈춰버린 학생. 다들 아직 책 속에서 빠져 나오지 못한 표정들이다.

"『난 아프지 않아』는 어떻게 읽었어요?" 독서지도사의 물음에 학생들의 답이 즉각 나온다. 역시나. 책을 읽고 난 후 책 속 여운이 묻어나는 학생들의 표정에서 내심 '책을 재밌게 읽었나 보네…' 라고 생각했는데 대답을 하는 학생들의 목소리에서 확신이 생겨났다. 재미있게 읽은 것이다. 이것으로써 이제 우리는 모두가 재미있게 읽은 책 한 권을 가질 수 있게 되었다. 다함께 읽은 이 책 한 권이 우리가 함께 이야기할 수 있는 '거리'가 될 것이다. 혼자 책을 읽다보면 자칫 자기 생각의 프레임 안에 갇힐 수 있는데 수업시간에 함께 같은 책을 읽고 친구들과 선생님과 책이야기를 나누다 보면 다양한 관점에서 책을 바라보고 이해할 수 있게 된다. 때문에 진정한 독서란 혼자서 책을 읽는 것에서 한 발 나아가 함께 읽고 이야기 나누며 곱씹는 과정 속에서 이뤄지는 건 아닐까. "대답 소리가 힘찬 걸 보니 재미있게 읽은 학생들이 많은 것 같네요. 여러분의 힘찬 목소리를 들으니 여러분이 이 책을 어떻게 읽었는지 더 궁금해지는데요. 그렇다면 우리 소감나누기부터 먼저 해볼까요? 우선은 간단하게 이 책에 점수를 준다면 몇 점 정도를 줄 수 있을 것 같으세요? 5점 만점에… 자, ○○부터 말씀해 주시겠어요." 책을 읽고 난 후 학생들의 입 열기로 들어간다.

| 수 업 준 비 하 기 |

한 도시 한 책(One Community One Book) 읽기 운동은 1998년 미국 시애틀에서 공공도서관을 중심으로 시작된 캠페인으로, 한 지역사회에서 한 권의 책을 선택하여 같이 읽고 토론하는 방식의 지역사회 대중독서운동이다. 서울시는 '책 읽는 서울'이라는 슬로건을 내걸고 각 지역의 구립도서관을 중심으로 저자와의 만남, 북 콘서트, 독서토론 등 다양한 활동을 통해 한 도시 한 책 읽기 운동을 펼쳐나가고 있다.

그렇다면 한 도시 한 책 읽기 운동을 학교에서도 해 볼 수 있지 않을까? '한 학교 한 책 읽기 운동'으로! 학교 안으로 파견된 독서지도사의 주된 업무 중 하나는 학교에 독서문화를 조성하는 것이다. 때문에 독서지도사는 책 읽는 학교 문화를 만들기 위해 다양한 독서관련 행사나 독서관련 교내 대회에 직·간접적으로 참여해왔다. 책 속에서 활자로만 접했던 저자를 직접 만나 그들의 생생한 이야기를 들어볼 수 있는 〈저자와의 만남〉 진로탐색을 위한 책 읽기에서 나아가 자신의 멘토나 롤모델을 정해 그에 관한 책을 읽고 이를 보고서로 정리해보는 〈롤모델 보고서 쓰기 대회〉, 성우가 목소리로 들려주는 소리극 〈낭독콘서트〉, 토론 지정도서를 읽고 책 속에서 토론 근거를 찾는 〈독서토론대회〉, 한 해 동안 자신이 읽은 책 중 '나'를 변화시킨 한 권의 책을 골라 이를 소개하는 〈독서포트폴리오 대회〉 등 이 같은 다양한 활동을 통해 학교 내 독서문화를 조성하기 위해 노력해 왔다. 그러나 이러한 일련의 독서 관련 행사나 독서관련 교내대회 등은 학교에서 독서문화를 조성하기보다는 일회성 행사로 끝나는 경우가 많았다. 또한 교내 독서관련 대회들 역시 생활기록부를 관리하고자 하는 일부 학생들의 경연장이 되어버리곤 했다. 그래서 모두 함께 '책을 읽고 이야기할 수 있는 독서문화'가 만들어지기 위해서는 무엇보다 많은 학생들이 책과 만날 수 있는 시간이 전제되어야 한다. 하지만 학교에서는 이런 저런 이유로 학생들이 책을 읽을 수 있는 시간을 마련하기가 좀처럼 힘든 상황이며, 설령 독서 시간이 확보되었다 하더라도 이 시간은 그저 쉬거나 다른 공부를 할 수 있는 시간으로 학생들에게 인식되고 있는 실정이다.

그렇다면 '한 학교 한 책 읽기'는 정규 수업시간부터 시작해 보는 것은 어떨까? 실제 한 학기 국어 시간동안 1학년 학생들과 했던 이 수업처럼. 우리는 정규 수업시간에 학생들과 교과 교사와 독서지도사가 한 학기동안 한 권의 책을 함께 읽었다. 다함께 똑같은 책을 읽고 생각을 나누며 이야기하다보니 자연스레 서로의 생각을 듣고 관점을 엿보며 서로를 조금씩 알아 갈 수 있었다. 또한 함께 이야기 나눔을 통해 '나만 이렇게 생각하는 건 아니구나.' 라는 위로를 얻기도 하며 책을 더 깊이 다시 볼 수 있게 되었다. 이런 시간들을

통해 우리는 생각하는 방법을 배우고 익히며 생각의 폭이 깊어지고 넓어지는 성장의 경험을 할 수 있었다. 이렇게 우리는 우리들만의 수업을 만들어갔다.

독서지도사로서 정규 수업시간에 '한 책 다함께 읽기 수업'을 위해 무엇보다 수업 준비에 있어 가장 신경 쓴 부분은 책 선정이다. 300명의 학생이 모두 읽어야 할 책이기에 그 어느 때보다 책 선택에 신중을 기했으며 그렇게 해서 고른 책은 『난 아프지 않아』(이병승 외, 북멘토)였다.

이 책은 여섯 명의 작가들이 6가지 테마(학교폭력, 탈북, 5·18 광주민주화운동, 가출, 해외입양, 꿈)를 가지고 쓴 청소년 테마소설로 아픔을 간직한 여섯 명의 청소년들의 이야기이다. 학교폭력에 시달리는 왕따 우현이의 아픔을 이야기한 이병승의 '난 아프지 않아', 5·18 광주민주화운동 때 희생된 친구 기훈이를 기억하기 위해 학교를 떠나기 전 마지막 수업을 하고 있는 수학선생님을 이야기한 이경혜의 '명령', 독일에 입양된 아이가 한국에 찾아와 느끼는 미묘한 감정과 만남을 이야기한 변소영의 '만남', 글을 쓰고 싶어 하는 여고생 이야기를 담은 권정현의 '노랑빨강파랑' 등 각양각색의 6가지 이야기를 다루고 있다. 또한 이 책은 하나의 테마 당 분량이 30페이지 내외로 많지 않아 학생들이 읽기에 부담이 없고 가독성 또한 높아 누구나 쉽게 읽을 수 있다. 다행히 학교에 여러 권의 책이 준비되어 있어서 30여 권의 책을 가지고 수업에 들어갔다.

| 수 업 들 어 가 기 |

간단한 책 설명을 하고 난 후 학생들에게 6가지 테마 중 우리가 함께 읽을

테마를 학생들이 고를 수 있도록 하였다. 교과서처럼 10반 모두 정해진 진도에 맞춰 나갈 필요가 없기에 반별로 우리 반 친구들과 함께 읽을 테마를 선택할 수 있는 자기선택 독서(self-selected reading) 방법을 택하였다. 대부분의 반에서 학생들은 가장 먼저 읽을 이야기로 책의 제목이자 처음 실린 이야기인 『난 아프지 않아』를 선택하여 읽었으며, 6가지 작품 중 이 작품이 학생들로부터 가장 큰 호응을 얻었다. 이는 아마도 소설의 배경이 학교이고 직·간접적으로 접해봤을 학교폭력과 왕따 문제를 다룬 이병승의 『난 아프지 않아』가 학생들의 몰입을 높였을 것이라 여겨진다.

　『난 아프지 않아』를 읽는 시간동안 마치 거짓말처럼 한 반의 모든 학생이 졸거나 딴 짓 하는 학생 하나 없이 집중하여 책을 읽었다. 때문에 학생들이 책을 읽는 중간에 교사의 개입은 거의 없었으며 간혹 읽기에 어려움을 보이는 학생들의 경우에 좀 더 자세히 책에 대해 설명을 해주는 등 최소한의 개입만 하였다. 책을 읽고 난 후에는 활동지를 작성하거나 모둠별 독후활동으로 바로 들어가지는 않았다. 책을 다 읽은 학생들은 아직 덜 읽은 친구들을 기다리며 책 속 다른 이야기를 먼저 읽어보거나 옆에 앉은 친구 몇 몇과 작은 목소리로 책을 읽은 느낌을 이야기하기 시작했다. 재미있는 영화를 보고 난 후 입이 근질거려 얘기 할 수밖에 없듯 책을 읽고 난 학생들 입에서는 자연스럽게 책에 관한 궁금증이나 느낀 점 등이 튀어나왔다.

　"정말 우현이처럼 때려도 아픔을 못 느끼는 사람이 있어요?", "우현이를 때리는 주인공은 정말 우현이가 아픔을 못 느낀다는 걸 몰랐을까요?", "우현이가 바보 같아요. 그걸 왜 참고 있어요.", "이 얘기 실화에요?" 등. 이러한 학생들의 물음에 대해 그 자리에서 바로 답을 해 주기보다는 이를 다음 차시 수업의 밑거름으로 남겨두었다. 그러나 무엇보다 첫 시간 학생들이 가장 많이 한 말은 "선생님, 나머지 다른 이야기도 읽으면 안돼요?"였다. 책이 읽고 싶어진 것이다.

책 분량이 30페이지 내외로 짧다고는 하나 책 읽기 수업의 첫 시간이고 이런 저런 수업의 전체적인 설명 후에 책을 읽은 터라 한 시간 동안에 『난 아프지 않아』 읽기를 마치고 나니 첫 수업이 끝났다.

"지난 시간에 책은 재밌게 읽었어요? 오늘은 지난 시간 말미에 우리가 궁금했던 생각들을 먼저 얘기해 볼까요?"

지난 시간 남겨두었던 학생들의 물음을 가져다 대화를 통해 대답을 만들어가다 보니 자연스럽게 지난 시간 수업과 연결됨과 동시에 책 내용 정리도 함께 이루어졌다. 국어교사는 먼저 학생들과 함께 문답을 통해 이야기를 나눈 후 브레인스토밍 기법을 활용하여 책 내용 정리에 들어갔다. 먼저 국어교사가 브레인스토밍 시범을 보인 후 학생들에게도 모둠별로 브레인스토밍을

할 수 있도록 하였다. 모둠수업 시 각자의 개별 활동지보다는 8절지나 전지와 같은 큰 종이에 모둠원들이 다함께 결과물을 함께 작성하도록 하면 의외로 학생들이 재미있어 하며 협동하여 나름의 멋진 활동지를 만들어 낸다. 협동 학습을 통해 학생들은 친구들과 함께 책 내용을 정리하고 생각을 공유하며 이를 말로 한 번, 글로 한 번 표현하고 적어나갔다. 이때 국어교사와 독서지도 사는 모둠을 돌며 너무 말이 없거나 브레인스토밍을 어려워하는 모둠에는 적 극적으로 개입하였다.

학생들이 작성한 브레인스토밍을 보면 소설이라는 특성상 인물을 중심으 로 내용을 정리하는 경우가 많았으며 이 책이 각자 아픔의 종류와 정도 차이 만 있을 뿐 상처를 가진 청소년들의 이야기이기에 기쁨, 슬픔, 화남, 즐거움 등 감정으로 접근하는 경우도 있었다. 브레인스토밍으로 책 내용을 정리한 것들 은 모둠 별 발표까지 연결하여 모아진 다양한 의견을 반 전체 학생 모두가 들 을 수 있도록 하였다.

브레인스토밍으로 내용 정리가 끝났다면 이제는 독서토론이다. 토론을 위 해서는 토론에 참여하는 토론자, 진행자, 그리고 함께 이야기 나눌 책과 논제 가 필요하다. 이 세 가지 중 어느 하나 덜 중요한 것이 없겠지만 그 중 토론에 서 논제는 책만큼이나 중요하다. 왜 그럴까? 논제가 좋지 않으면 토론자들이 할 말이 없어 시끌벅적한 토론이 아닌 침묵으로 흐를 수 있기 때문이다. 특히 토론의 경험이 적고 진행자의 역할이 낯설어 익숙하지 않은 학생들의 모둠토 론의 경우에는 더욱 논제가 더욱 중요하다. 때문에 독서토론 시 논제에 대한 충분한 설명과 예시가 필요하다.

그렇다면 좋은 논제란 뭘까? 앞서 말 한 바대로 토론자들이 이야기를 활발히 할 수 있는 논제면 된다. 누구나 이 논제를 보고 이야기 하고 싶어지게 만드는 주제이다. 이외에도 독서토론이다 보니 책과 관련된 논제이거나 책 속에서 근거를 찾을 수 있는 주제면 더욱 좋다. 그리고 무엇보다 논제는 쉬운 문장으로 구성해 토론자가 편하게 읽고 이해하여 바로 답할 수 있으면 충분하다.

독서토론 논제는 성격에 따라 자유롭게 책에 관한 의견을 말할 수 있는 자유 논제와 찬성과 반대의 의견이 양립되어 말할 수 있는 찬반 논제로 나눌 수 있다. 또한 찬반의 성격보다 저자의 생각이나 주인공의 행동 등에 공감할 수 있는지 공감하기 힘든지 등의 선택형 문항으로 구성된 선택형 논제도 가능하다. 자유논제와 찬·반 혹은 선택논제에 관한 간단한 이론 설명 후 학생들이 직접 논제를 만들어 볼 수 있도록 하였다.

그러나 단시간에 한 번의 설명을 듣고 논제를 만들기란 쉽지 않다. 그래서 논제 만들기를 어려워하는 학생들에게는 먼저 책을 읽고 떠오르는 질문부터 적어보도록 했다. 작은 질문에서부터 논제가 시작되기 때문이다. 질문 만들기라는 이름으로 학생들에게 접근하다보니 학생들은 비교적 쉽게 책을 읽으며 궁금했던 것들을 적어가기 시작하였다. 그 중에 토론 논제를 만든 학생들의 논제를 확인해보면 책의 기본 내용을 되짚는 정도에 그치는 경우가 많았다. 그래도 질문이든 논제든 자신이 만든 것들을 모둠별로 모아 우리 모둠의 대표 논제 혹은 질문 한 가지를 정하도록 하였다. 이렇게 모아진 5~6개의 논제를 모두 칠판에 적고 좀 더 토론에 적합한 토론 주제로 함께 다듬어 나갔다. 이렇게 다듬어진 것들 중 학생들과 한 가지 논제를 골라 반 전체 토론에 들어갔다.

토론 논제 만드는 방법

① 개인별로 책에 관한 질문 만들기 (질문 개수 제한 없음)

② 개인별 질문을 모둠별로 취합한 후 우리 모둠 대표 질문 하나 고르기

③ 모둠별로 취합 된 5~6개의 질문을 토론에 적합한 논제로 교사와 함께 논제 수정하기

④ 논제로 수정된 것들 중 학생들과 함께 토론하고 싶은 논제 한 가지 정하기

⑤ 정해진 한 가지 논제로 반 전체 토론하기

『난 아프지 않아』를 읽고 난 후 학생들이 가장 많이 한 말 중 하나는 "우현이가 바보 같아요." 였다. 다음의 논제는 학생들이 무심코 가장 많이 던진 이 말 한마디를 가져와 학생들과 함께 논제로 수정하여 완성한 논제이다.

이 책은 중학교 교실에서 일어나고 있는 학교폭력과 왕따 문제를 다루고 있습니다. '왕따를 당하기 싫어 기꺼이 친구의 샌드백이 되어 준 우현이는 친구들에게 맞아 아픈데도 "난 아프지 않아." 라고 말합니다. 이런 우현이에 대해 여러분은 어떻게 생각하십니까?'

이 논제는 학교폭력과 왕따라는 책의 핵심내용을 건드리고 있으며, 왕따를 당하고 있는 피해 학생에 대한 독자의 생각을 물음으로써 왕따를 당하는 학생의 입장이 되어 볼 수 있게 한다. 이외에도 학교폭력과 왕따 문제에 대한 학생들의 다양한 생각을 이끌어 낼 수도 있는 논제라 생각된다. 실제 이 논제로 토론을 해 보니 친구가 필요해 아픈데도 참기만 한 우현이가 바보 같기는 하지만 선생님이나 학교에 이야기하면 오히려 더 왕따를 당할 뿐 바뀌는 것이 없는 지금의 학교 현실을 예로 들며 우현이의 입장이 '이해가 된다' 는 측과 아무리 그래도 자신이 가장 소중한데 자신의 몸을 다쳐가면서까지 친구가 되려는 우현이의 행동을 '이해할 수 없다' 는 측으로 나뉘어 자유롭게 의견을 개진하던 토론에서 선택 논제로 수정되어 토론에서 토론으로 이어졌다.

또한 학생들은 이 책을 읽고 폭력을 참아가며 친구가 필요했던 우현이 못지않게 우현이에게 폭력을 가했던 '나' 역시도 또 다른 형태의 피해자로 보았으며 '나'에 관한 질문을 많이 하였다. "나는 정말 우현이가 아픔을 느끼지 못한다는 것을 몰랐을까요?", "나 역시도 엄마의 폭력에 의한 또 다른 피해자는 아닐까요?" 등. 이 질문도 그냥 넘기지 않고 가져와 학생들과 많은 이야기 끝에 부모와 자식 간의 사랑에 관한 논제로 수정하여 찬반 토론으로 연결해보았다.

찬반(선택형) 논제 하나

우현이에게 폭력을 가하는 '나' 역시 엄마의 또 다른 폭력에 시달리고 있는 피해자라 볼 수도 있습니다. 엄마는 아들의 서울대 입학을 위해서라면 어떤 일도 불사합니다. 그렇다면 이런 엄마의 행동을 자식을 위한 사랑으로 볼 수 있을까요?

"얼마 안 남았어. 고작 6년 후야."

엄마는 나를 서울대에 집어넣을 수만 있다면 무슨 짓이든 할 수 있다고 했다. 자식의 미래를 위해서라면 엄마의 현재쯤은 얼마든지 포기할 수 있고 나를 위해서라면 악마가 되는 것도 불사하겠다며 두 주먹을 불끈 쥐었다. (p.12)

– 사랑으로 볼 수 있다.

– 사랑으로 보기 힘들다.

이 논제를 가지고 토론을 할 때는 자신의 경험을 이야기하는 학생이 많았다. 자신이야말로 온갖 사교육을 다 받아봐서 주인공 '나'의 마음을 잘 안다면서 자신의 경험을 쏟아낸 학생도 있었다. 그러나 대부분의 학생들은 우리 엄마는 이 정도까지는 아니지만 비슷한 엄마의 강요를 느껴봤다는 이야기하는 학생들이 많았다. 이처럼 독서토론을 하다보면 학생들의 이야기 속에서 학생의 모습과 생각이 나오고 그들이 드러난다. 그러나 독서토론에서 만나는 이러한 학생들의 모습은 교실에서 교과서로 수업을 할 때는 잘 드러나지 않는다. 그래서 좀 더 학생들의 숨겨진 생각을 듣고 알고 싶다면 잠시 시간을 내어 교과 시간에 한 반 전체가 똑같은 책을 읽고 독서토론을 해보는 건 어떨까? 단 한 두 시간만이라도 …

부모와 자식 간의 소통이 동반되지 않은 엄마의 일방적 행동을 사랑으로 보기 어렵다는 측에서는 자식이 힘들어서 스트레스를 친구에게 폭력으로 풀며 학교 폭력의 가해자가 되었는데도 이게 자식을 위하는 사랑이냐고 반문하기도 했다. 그러나 이 논제 역시 '그렇다면 우리나라에서 서울대생으로 살아가면 그 삶은 행복할까?' 라는 논제로 확장되어 우리나라 교육에 대해 논하는 거대 담론으로 번졌다. 또한 그렇다면 '행복의 조건은 뭘까?' 라는 논제로 연이어 토론이 이어져 수업 한 시간 내내 토론을 하였다. 한 책을 다함께 읽고 논제를 만들어 토론에서 토론으로 이어지는 이러한 시간들을 통해 우리는 교과 수업시간에 보지 못했던 서로를 만나고 친구의 다양한 생각들을 들을 수 있는 시간을 갖게 되었다.

독서에 대해 부정적인 경험을 가진 학생들 중 많은 친구들이 힘들고 괴로웠던 독후감 쓰기 기억을 떠올린다. 어린 시절 학교에서 방학이면 왕창 내주었던 독후감 숙제. 독후감이란 무엇이고 왜 써야 하는지 어떤 설명도 해주지 않은 채 무조건 책을 읽고 나면 으레 독후감 쓰기 숙제를 했던 기억 때문에 『난 아프지 않아』를 읽고 난 후 독후활동으로 글이 아닌 그림으로 마무리하면 어떨까 하는 생각에 목판화를 활용해 보았다. 목판화는 교구용으로 제작

된 합판으로 가로, 세로 20cm로 남짓의 정사각형 모양의 나무판이다. 각자 자신의 합판 위에 연필, 색연필, 매직 등으로 자유롭게 자신만의 감상을 표현 하였다. 감상이 꼭 그림일 필요는 없다. 책 속 내용 중 멋진 문장이나 한 단락 을 옮겨 적어도 되었다. 목판화 그리기 독후활동을 준비하며 혹여나 그림 그 리기를 독후감만큼이나 싫어하는 학생들에게 거부감과 부담을 주는 것은 아 닐까 걱정했으나 기우였을까? 목판화에 느낌이나 감상을 표현하는 시간동안 학생들은 책 읽는 시간만큼이나 열중하여 참여했다.

이렇게 약 4주~5주 동안 1학년 전교생 300여 명 모두 『난 아프지 않아』를 완독하였고 우리가 만든 논제를 가지고 토론했으며 각자 자신의 목판화 작 품을 한 편씩 갖게 되었다. 완성된 작품 중 몇몇 작품은 학교 축제 기간 동안 교내에 전시하여 모든 학생과 교직원, 학부모님들과 함께 나눴다.

　1학년에서 시작된 '정규 수업시간에 한 책 읽기'는 마치 민들레 홀씨가 퍼져나가듯 2학년 문학시간으로 옮겨갔다. 수업의 형태는 진행하는 교과 교사와 교실 사정에 맞게 변형됐지만 분명한 것 하나는 1학년 300여 명, 2학년 300여 명 모두가 『난 아프지 않아』를 읽었다는 것이다. 입시를 목전에 둔 3학년 학생들은 책을 읽을 수 없었지만 그래도 이로써 〈한 학교 한 책 읽기〉에 가까워 진 것은 아닐까?

　〈한 학교 한 책 읽기〉 수업은 처음 우리도 다함께 읽고 이야기 나눌 수 있는 '한 권의 책을 가져보자' 라는 작은 소망에서 시작되었다. 꿈이 이루어지듯 우리의 소망도 이루어져 다함께 재미있게 있는 책 한 권을 가질 수 있게 되었다. 그러나 이는 단지 재밌는 책 한 권을 알게 되었다는 것에 머무르지 않고 책을 읽고 난 후 함께하는 대화를 통해 서로에게 반응을 던져 줄 수 있는 시간이 되고자 하였다. 누군가 던진 한 마디 말에 자극을 받기도 하고 어떤 날은 내가 누군가에게 자극을 주기도 하며 머릿속에서 폭풍이 일 듯 생각의 작용이 일어나길. 그리고 생각들을 정리해 말로 풀어내다 보면 책의 맥락이 보이고 내가 드러날 수 있기에… 이처럼 같은 책을 읽고 생각을 나눈다는 것이 얼마나 즐거운 놀이가 될 수 있는지를 알게 해주고 싶었다. 혼자 읽기보다는 함께 읽는 것이 더욱 즐거울 수 있다는 것을.

| 수 업 정 리 |

한 권의 책 다 함께 읽기
「난 아프지 않아」 (이병승 외, 북멘토)

▼

책 내용 정리하기
(브레인스토밍)

▼

책 내용 확장하기
(질문으로 논제 만들기 & 토론하기)

▼

책 내용 마무리하기
(목판화 만들기)

2.
시끄러운 교실
성공적 말하기 경험을 위한 첫 시작

1. 국어교과서 – 5. 전통문화의 체험 「태평천하」 채만식
2. 「돈으로 살 수 없는 것들」 마이클 샌델 / 와이즈베리

| 수 업 엿 보 기 |

"여러분! 국어선생님의 설명 잘 들었죠? 국어선생님의 이야기를 듣다보니 새삼 '돈'의 의미를 생각해 보게 되는데요. 그렇다면 '돈'은 무엇을 의미할까요? 윤직원 영감이 살았던 일제시대의 '돈'의 의미와 지금 우리가 사는 현재

의 '돈'은 다른 의미일까요?"

독서지도사의 질문에 몇 몇 학생의 목소리가 들리기는 하나 여전히 교실은 조용하다.

"좋아요. 그럼 윤직원 영감은 자신이 사는 시대가 태평천하라고 외치죠. 왜죠?"

"돈 때문이요."

"맞아요. 앞서 국어 선생님과 살펴 본 '무임승차기술'을 통해서도 잘 알 수 있었죠. 돈을 아낄 수만 있다면 그 어떤 것도 그에게는 문제가 되지 않았어요. 그렇다면 그 어떤 것은 무엇일까요?"

"양심……." 작은 목소리가 들린다.

"맞아요. 인간의 도덕적 양심보다 그에게는 돈이 먼저인거죠."

힘들게 학생들의 입에서 '양심'이란 단어를 이끌어 냈다. 오늘 읽을 책이 시장경제와 도덕적 양심에 대해 논한 마이클 샌델의 『돈으로 살 수 없는 것들』이기 때문이다. 자연스럽게 학생의 입에서 나온 '양심'이란 단어를 발판삼아 오늘 읽을 책으로 들어간다. 특히 오늘 읽을 책처럼 학생들이 생경하게 느낄 수 있는 책은 학생들과의 충분한 문답을 통해 그들의 입에서 책의 핵심어가 나올 수 있도록 하는 일련의 활동이 수업의 윤활유가 될 수 있다.

"오늘은 돈과 인간의 도덕적 양심에 관한 문제를 다룬 책을 한 권 읽어볼 거예요. 그런데 책을 조금 다른 방식으로 읽어볼 거예요. 바로 여러분이 선생님이 되어 자기가 읽은 부분을 친구들에게 설명해 주는 거지요. 일명 '직소방식'이라고 하는데 직소방식은……."

　토론은 책과의 만남이요 소통의 한 방법인 것을 우리는 이를 어렵고 두렵기만 한 벽으로 인식하고 있는 건 아닐까? 이 벽은 우리 아이들은 물론이거니와 교사에게 역시 마음의 부담감으로 작용한다는 것은 일정부분 맥을 같이 하고 있다고 여겨진다. 그래서 책과의 만남을 통해 책읽기에 대한 두려움을 어느 정도 극복한 학생들과 이제는 책과 소통하고 말하는 즐거움을 함께 하고 싶었다. 토론의 첫 시작, 어떻게 첫 발을 내딛을까 고민 하다가 국어교과에서 주제를 가져와 책과 연결을 꾀하는 방법으로 그 시작으로 삼고자 하였다.

　1학년 국어교과서에 채만식의 『태평천하』가 실려 있다. 염상섭의 『삼대』와 함께 가족사 소설의 대표작인 이 작품은 지주이자 고리대금업과 부동산 투기를 통해 부를 쌓은 윤직원이라는 부자 영감을 중심으로 집안의 다양한 인물들을 다룬 소설이다. 돈만 있다면 이 세상은 '태평천하가 아닌가?'라고 외치는 윤직원 영감이 살고 있는 일제강점하의 세상과 우리가 살아가고 있는 지금은 어떤 모습일까? 다른 세상일까? 같은 세상 다른 모습일까? 이 물음에 대한 답을 찾고자 『정의란 무엇인가』로 유명한 저자인 마이클 샌델의 『돈으로 살 수 없는 것들』로 그 실마리를 찾아보고자 하였다.

　이 책은 아직 사회적 경험과 배경지식이 부족한 학생들이 읽기에는 다소 어려울 수 있지만 소설류에 편중된 독서를 하는 학생들에게 좀 더 다양한 장르의 책을 접해보게 함과 동시에 이렇게 어려운 사회과학류 교양서를 통해 자신감과 성취감을 주고 싶었다. 앞서 말한 대로 본 수업은 국어교과서 문학

작품 속에서 주제를 가져와 교양서와 접목해보고자 한 시도로 1940년에 발행된 교과서 속 문학작품과 2012년 출간된 작품을 비교해가며 읽고 두 시대의 공통점과 다른 점을 찾아가는 일련의 활동을 통해 학생들의 말문을 터 시끄러운 교실을 만들고자 함에 있다.

수업을 구성함에 있어 가장 염두에 둔 것은 독서력이 각양각색인 학생들의 읽기 수준이었다. 읽기 수준이 제각각인 학생들에게 '어려운 책을 읽었다'는 성취감을 주기 위해서는 책 한 권을 다 읽는 완독이 아닌 한 챕터만 골라 이를 도와가며 나누어 읽기가 적절하다고 판단했다. 직소(Jigsaw, 조각그림 맞추기) 방식을 책 읽기에 적용해 보기로 한 것이다. 직소방식은 학습자 활동 중심의 교수학습 방법 중 하나로 과제해결 중심의 협동학습 방법이다. 직소방식으로 책을 읽다보면 학생이 중심이 되어 토론하고 질문하고 도와가며 서로를 가르치며 과제를 해결해 가는 협동학습 과정 속에서 자연스럽게 지식을 터득하는 힘이 길러질 수 있지 않을까.

『돈으로 살 수 없는 것들』을 직소방식으로 읽기 위해 1장 새치기 챕터만 복사하여 한 반 인원만큼의 읽기 자료를 준비한다. 1장에서 소개하고 있는 5가지 사례(우선 탑승권, 렉서스 차로, 대리 줄서기 사업, 진료 예약권 암거래, 전담 의사제도)를 5개의 모둠이 한 가지씩 맡아 읽는 것이다. 가령 1모둠 6명 모두는 '우선 탑승권'을, 2모둠은 '렉서스 차로'를, 3모둠은 '대리 줄서기 사업'을, 4모둠은 '진료 예약권 암거래'를, 5모둠은 '전담 의사제도'를 나누어 읽는다. 이렇게 각자 자신이 맡은 부분의 책을 다 읽은 후 모둠 구성원과 함께 자신이 읽은 내용에 대해 질문하고 답하며 그 내용을 요약, 정리한다. 모둠별로 정리한 내용을 5줄 안팎으로 적을 수 있도록 하였다. 이처럼 자기 모둠 구성원과의 대화를 통해 1모둠은 '우선 탑승권', 2모둠은 '렉서스 차로', 3모둠은 '대리 줄서기 사업' 4모둠은 '진료 예약권 암거래', 5모둠은 '전담 의사제도'의 내용 전문가가 되는 것이다.

이렇게 모둠 구성원과의 이야기를 통해 자신이 알고 있는 내용을 다른 학생들에게 가르칠 수 있는 전문가이자 선생님이 된 각 모둠의 6명의 학생들은 다른 모둠으로 이동한다. 이때 학생들이 앉을 자리에 미리 좌석번호를 붙여 이를 활용하였다. 우측의 배치도처럼 각자 자신의 자리에 붙은 좌석 번호를 확인한 후 자기 자리에 적힌 번호와 동일한 숫자의 모둠으로 이동하는 것이다. 예를 들어, 1-1 자리에 앉은 학생은 1번 모둠에 그대로 앉아 있고 1-2자리에 앉은 학생은 2번 모둠으로, 1-3자리에 앉은 학생은 3번 모둠으로, 1-4자리에 앉은 학생은 4번 모둠으로, 1-5자리에 앉은 학생은 5번 모둠으로 이동한다. 그러면 1번 모둠에는 그대로 앉아있던 1-1번 학생과 2번 모둠에서 온 2-1, 3번 모둠에서 온 3-1, 4번 모둠에서 온 4-1, 5번 모둠에서 온 5-1의 선생님이 함께 할 수 있다. 그럼 각 모둠의 6번 자리에 앉은 학생들은 어떻게 할까? 그냥 자신의 원래 모둠에 그대로 앉아 깍두기 역할을 하면 된다.

각기 다른 모임에서 온 학생들은 서로 이전 모둠(모집단)에서 함께 정리했던 책 내용을 다른 학생들에게 설명해 준다. 각 모둠의 대표이자 선생님들이 모여 서로에게 자신들이 알고 있는 것들을 설명해 주며 가르쳐 주는 것이다. 1모둠에 모인 1-1, 2-1, 3-1, 4-1, 5-1 학생 전문가들이 서로 가르쳐 주고 배우는 또래 협동학습인 것이다. 1-1자리에 앉은 학생은 '우선 탑승권'을, 2-1자리에서 온 2모둠의 선생님이 '렉서스 차로'를, 3-1자리에서 온 3모둠의 대표가 '대리 줄서기 사업'을. 이렇듯 자신이 알고 있는 내용을 돌아가며 설명하고 또 설명을 듣는다. 그럼 내가 읽은 책은 2~3장 내외이지만 우리는 1장 새치기를 다함께 읽은 것이다. 이처럼 학습자끼리 서로 도와가며 나누어 읽는 이 방법은 배경지식이 부족하여 잘 넘어가지 않는 책이나 관념어가 많아 읽기 어려운 책들을 교실에서 학생들과 읽어야 할 때 활용해보면 좋을 것 같다. 이 수업처럼 말이다.

칠판				칠판			
1모둠		2모둠		1모둠		2모둠	
1-1	1-4	2-1	2-4	1-1	4-1	1-2	4-2
1-2	1-5	2-2	2-5	2-1	5-1	2-2	5-2
1-3	1-6	2-3	2-6	3-1	1-6	3-2	2-6
3모둠		4모둠		3모둠		4모둠	
3-1	3-4	4-1	4-4	1-3	4-3	1-4	4-4
3-2	3-5	4-2	4-5	2-3	5-3	2-4	5-4
3-3	3-6	4-3	4-6	3-3	3-6	3-4	4-6
5모둠				5모둠			
5-1	5-4			1-5	4-5		
5-2	5-5			2-5	5-5		
5-3	5-6			3-5	5-6		
이동 전				이동 후			

직소방식으로 책 읽기를 위한 좌석 배치도

직소방식으로 1장 새치기 읽기를 마친 후 자신의 원래 모둠으로 돌아온 학생들에게 모둠 구성원과 내용을 재정리할 수 있는 시간을 주었다. 친구들과 이야기하며 내가 듣고 정리한 내용 중 빠트리거나 이해가 잘 되지 않아 넘어갔던 부분은 없는지 서로 확인 할 수 있도록 하였다. 내용정리를 마친 모둠은 다함께 읽어낸 1장 새치기 챕터를 전지에 다함께 정리하게 하였다. 이제 우리는 정리된 내용을 토대로 교과서 속 작품 『태평천하』와 연결해 토론을 하려고 한다.

말문을 열고 무언가 말할 거리가 주어졌다면 이제는 말할 수 있는 장을 만들어 주어야 한다. 책을 읽고 서로의 생각을 이야기하며 서로 다름을 인식하며 느끼고 나아가 나를 알고 돌아보며 세상을 이해하는 일련의 과정이야말로 가장 필요한 독서의 과정 중 하나이기 때문이다.

책을 읽은 학생들에게 두 작품을 연관 지어 논제를 찾아보도록 하였다. 그러나 대부분의 모둠에서 『돈으로 살 수 없는 것들』에서 토론거리를 찾았다. 찾은 논제 역시 새치기권이나 의료 진료권, 우선 차로권의 거래에 대한 찬반 여부를 묻는 논제로 국한되었다. 그렇지만 우리 주변에서 일어나고 있고 일어날 수 있는 것들이라는 점이 학생들이 이야기하고 싶은 욕구를 자극했는지 많은 학생들이 토론에 참여하였다. 친구들과의 이야기를 통해 현실의 모습에 분개하기도 하고 만약 새치기권을 살 수 있는 경제적 여유가 있다면 이용할 수도 있을 것 같다며 옹호의 입장을 밝히기도 해가며 자신들의 의견을 펼쳤다. 각 모둠별로 찬반토론이 진행되다 보니 어느새 교실이 시끄러워졌다. 논제를 벗어난 개인적인 경험이 난무하는 등 다소 산만하긴 했지만 그래도 학생들의 입이 열리고 시끄러운 교실이 좋았다.

그러나 이 수업은 교과와 책을 연결하여 학생들의 입 열기에는 적합했으나 깊이 있는 사고를 나누기에는 제한적 모습이 드러났다. 대부분의 학생들은 주장만을 되풀이 하였으며 주장을 뒷받침하기 위한 근거를 찾지 못하는 모습이었다. 그래도 교과서 속 문학작품과 책을 연결하여 읽고 이야기하는 것이 재미있을 수 있다는 기회를 맛보았다는 점에서 본 수업의 의의가 있다고 여겨진다.

| 수 업 마 무 리 하 기 |

학생들이 수업시간에 하는 말을 다 적어보면 몇 문장이나 될까? 수업에 따라 다르겠지만 10줄 이내로 끝나는 경우가 많을 것이다. 또한 그 문장을 복기해보면 교과지식과 관련된 이야기가 대부분을 차지할 것이다. 자신의 생각을 펼치고 논하는 말들은 얼마나 그 자리를 채워가고 있을까 하는 궁금증이 든다. 이는 비단 교과수업 시간 뿐 아니라, 독서시간도 마찬가지이다. 책을 읽고 이야기해야 하는 독서수업 역시 그 어떤 시간보다 조용하다. 우리의 독서수업은 말하기는 없고 읽기와 쓰기만이 존재한다. 읽고 말하고 듣고 생각하는 총체적 과정인 독서가 말하기가 사라진 절름발이가 돼버린 것이다.

학교에서 만나는 학생들에게서 느끼는 또 다른 생각 하나는 독서토론하면 막연한 거부감부터 갖는 다는 것이다. 책을 재미있게 읽고 난 후 "토론 하자!"라고 하면 입을 다물고 고개를 숙이곤 한다. 그 이유가 뭘까? 말할 게 없기 때문은 아닐까. 물론 어떻게 말해야 하는지 방법을 모를 수 있다. 하지만 방법적인 부분 못지않게 말할 거리가 없는 건 아닐지 생각해 본다. 덧붙여 말할 수 있는 분위기인지 환경적 측면에서 답을 생각해 보아야 한다.

말하고 싶게 만드는 충분한 이야깃거리가 주어지고 편하게 말할 수 있는 환경을 만들어서 한 마디라도 자신의 목소리를 내었을 때 비로소 토론이라는 산에 다다를 수 있지 않을까 생각된다. 이를 위한 첫 걸음으로 국어 교과서 속 문학작품에서 연결고리를 가져와 책과 연결해 보았다. '돈'으로 대표되는 시장경제의 의미를 확장할 수 있는 책을 읽고 현대사회에서 '돈'의 의미를 파악하여 올바른 가치를 세움으로써 국어 교과의 내용을 심화할 수 있는 계기가 되고자 하였다.

| 수 업 정 리 |

국어 교과서 「태평천하」 깊이 읽기
– 교과서 수록부분 '무임승차 기술'

▼

「돈으로 살 수 없는 것들」 1장 '새치기'
직소방식으로 읽고 내용 정리하기

▼

「태평천하」와 「돈으로 살 수 없는 것들」 연결하기
– 토론 논제 만들기

▼

토론의 실제
– 논제 'OOO권'은 사고 팔 수 있다.

도서	「돈으로 살 수 없는 것들」 마이클 샌델, 와이즈베리		
팀 원			

	책 내용 정리		
1모둠 **우선** **탑승권**			**4모둠** **진료** **예약권** **암거래**
2모둠 **렉서스** **차로**			**5모둠** **전담** **의사** **제도**
3모둠 **대리** **줄서기** **사업**		※ 내용 정리 시 꼭 들어가야 할 내용 1) 그 장의 사례 정리 2) 3~4문장으로 정리하기 3) 시장 옹호자 vs 도덕 옹호자들의 근거	

3.
신문으로 세상 읽기
신문 사설 제목 달기

| 수 업 엿 보 기 |

"자, 오늘은 어떤 일들이 일어났는지 한 번 볼까요?" 독서지도사는 준비한 자료를 가지고 학생들 앞에 선다. "자신이 기자가 되었다고 생각해 보고 오늘 읽을 신문 기사에 제목을 달아 보세요. 오늘 읽을 기사는 3개입니다." 학생들

은 기사를 받자마자 정독에 들어간다. 이제는 너무나 자연스러운 모습이다.

매주 학생들은 기자가 된다. 기사를 읽는 독자가 아닌 기사를 쓴 기자의 입장이 되어 내가 읽은 기사가 돋보일 수 있도록 독자들에게 읽혀질 수 있는 멋진 제목을 달기 위해 고민한다. 학생들이 기사를 읽는 동안 독서지도사는 교실을 돌아다니며 학생들을 살핀다. 한 학생 옆을 지나갈 때 작게 속삭이는 목소리가 들린다. "선생님, 오늘은 이 기사가 나올 줄 알았어요. 어제 TV뉴스에서 봤거든요." 매 주 기사를 읽으며 세상사에 관심이 조금씩 생겨나기 시작한 학생들이 이제는 가요프로나 예능 쇼만 보는 것이 아니라 뉴스를 찾아보고 신문기사와 비교하여 읽어가며 세상사에 관심을 갖기 시작했다.

"자, 자기가 읽은 기사에 제목을 다 단 친구들은 칠판 앞으로 나와 내가 만든 제목을 칠판에 적어주세요." 독서지도사는 학생들이 신문기사를 읽는 동안 칠판을 3등분하여 기사에 매겨진 번호를 적어둔다. 왼쪽부터 25번, 26번, 27번. 자신이 읽은 기사에 제목을 다 적은 학생들은 파일을 보며 자신이 쓴 제목을 칠판에 옮겨 적는다. 그런데 학생들은 자신의 것을 다 적고 난 후 자리로 들어가지 않고 칠판 앞에 모여 있다. 친구들은 어떤 제목을 썼는지 보기위해서이다. 친구가 쓴 제목을 읽으며 친구의 생각을 엿보고 나누며 표현법을 엿보고 문장을 익힌다. 어느새 칠판에는 학생 기자들이 쓴 제목들이 가득 차 있다. 어느 날은 제각각, 어느 날은 비슷하게 …

우리는 그 제목들을 보며 기사를 하나씩 읽어나간다. 그러다보면 자연스레 이번 한 주 동안 우리가 사는 세상에 무슨 일들이 벌어지고 생겼는지 세상 읽기가 시작된다.

〈신문으로 세상 읽기, 부제 신문사설 제목 달기〉 수업은 학교 밖에서 학생들과 독서수업을 시작하기 전 서로의 생각과 입을 열 수 있는 뭔가가 없을까 하는 고민에서 시작되었다. 가볍게 읽을 수 있으면서도 내용은 가볍지 만은 않은 게 뭐가 있을까? 그때 만난 것이 신문이었다. 정확하게는 칼럼이나 사설. 객관적 사실을 전달하는 기사를 가지고 수업 읽기 재료로 삼을 수도 있으나, 그보다는 짧은 글 속에 글쓴이의 날카로운 혜안과 식견을 논리적으로 풀어낸 칼럼이나 사설을 택하였다. 전문가의 다양한 시선과 의견을 논리적 펼쳐낸 글들을 마주하다보면, 주장을 펼치기 위한 논리적 글의 구조를 익힘에 있어 유용할 뿐 아니라 반짝이는 근거들을 접할 수 있으리라 생각되었다. 동시에 이를 가지고 학생들의 의견을 끌어내기에 적합하다고 생각했다. 글쓴이의 생각에 공감을 할 수도 있고 공감하지 않을 수도 있을 테니까.

한 주간 발간된 일간지 중 학생들과 함께 읽고 이야기해보면 좋을 것들로 3개의 기사를 뽑았다. 하지만 현재 우리나라에서 발간되는 종합지를 포함한 스포츠·연예지, 경제지, 지방지, 특수목적의 전문지 등 100여 개에 이르다. 이 많은 일간지 중 한 주 동안의 칼럼이나 사설을 찾아 읽기란 만만치 않을 일일 것이다. 그래서 활용한 것은 포털사이트이다. 포털에서 제공되는 뉴스 중 오피니언만을 모아둔 곳으로 들어가 하루 동안에 각 신문사에서 올라온 칼럼이나 사설을 읽고 검색한다. 이렇게 수업 전 일주일분의 신문을 보다보면 늘 학생들과 함께 읽고 싶은 기사가 넘치곤 한다. 그러나 오히려 이 수업준비를 하며 교사가 더 많이 배우고 식견을 넓힐 수 있게 되었으며, 매주 칼럼을 접하다보니 어느 새 찾아서 읽게 되는 칼럼도 생겨나게 되었다.

그렇다면 어떤 기사를 골라야 할까? 가장 먼저 고려한 것은 학생들의 읽기 난이도이다. 아무리 좋은 기사도 내용이 어려워서 읽을 수 없다면 전달될 수 없을 테니까. 다음으로는 시의성. 우리가 읽어야 할 건 책이 아니라 신문이다. 곧 지금을 가장 잘 담아내고 있는지가 무엇보다 중요하다. 또한 그러면서도 학생들이 흥미를 가질 만한 것과 알아야 할 만한 것들이 담긴 기사를 고르려 노력하였다. 그러나 그중에서도 가장 많은 신경을 쓴 건 한 쪽의 입장만 옹호하거나 치우친 생각의 글은 지양하는 것이었다. 이 수업은 다양한 세상일에 대한 정보를 주기 위함이지 지식을 심어주기 위한 것은 아니기 때문이다. 특히나 신체가 자라듯 생각이 자라고 있는 청소년들에게 편중되거나 편향된 생각의 글들이 자칫 지식으로 굳어버리면 안 되기에 말이다.

그렇다고 꼭 학생들과 함께 읽고자 하는 기사를 사설이나 칼럼으로 한정하지는 않았으며 사설이나 칼럼을 이해하기 위해 기사가 필요하다면 〈기사 속의 기사〉라 이름 붙여 연관기사를 함께 실었다. 또한 어떤 주에는 기획 기사를 모두 실어 기획 의도를 파악하고 정보를 취하며 배경지식을 넓혀갔다. 한 예로 ○○일보에서 기획한 '한국 화장품 세계를 품다' 라는 기획 기사는 학생들로부터 좋은 반응이 있었다. 이 기사에서는 화장품 산업의 성장 동력 중 하나로 우리나라의 '빨리빨리 문화'를 들고 이를 구체적 사례를 통해 쉽게 풀어냈다. 유행에 민감한 소비재인 화장품 산업의 경우 무엇보다 소비자의 의견이 중요한데 우리나라의 화장품 생산기업들은 연구소와 원료 산지, 제품 용기 제작 업체가 모두 인근 지역에 위치해 실시간으로 빠르게 소비자의 의견을 반영한 상품을 출시하고 있었다. 학생들은 이 기사를 읽고 화장품을 바르기만 했지 화장품과 관련된 연관 산업이 이렇게 많은 줄 몰랐다는 학생부터 예전에 화장품 트러블로 고생한 경험이 있었던 한 학생은 화학공학과를 가서 좋은 원료로 초등학생들도 마음 놓고 쓸 수 있는 화장품을 개발하는 연구원이 되보고 싶다는 포부를 밝히기도 했으며 또 자신은 예쁜 화장품 용기를 디자인해보고 싶다는 학생까지. 화장품을 쓸 줄만 알았던 학생들이 두루뭉술하게 알았던 지식을 신문을 읽고 친구들과 이야기 함께 나누며 정교화 과정을 통해 자신과 연결해 진로의 방향을 잡아가기도 했다.

기사 선별이 끝난 후 편집에 들어갔다. 편집은 가장 단순하게 해보았다. 네모 상자에 출처를 밝힌 기사의 원문을 그대로 실었다.(활동지 별첨) 여기서 포인트 하나. 단순히 몇 월 며칠 무슨 신문의 기사를 그대로 실어 약간의 편집 후 학생들에게 나누어 줄 수도 있지만, 무언가 재미를 줄 만한 것이 없을까 고민해보았다. 그래서 나온 것이 〈신문기사 제목 달기〉. 기사 원래의 제목을 지워서 학생들에게 채워보도록 한 것이다. 네덜란드 문화사학자 요한 하위징아는 1938년 저서 『호모 루덴스』에서 '놀이야말로 인류 문화의 기원이고 원동력이며 그 놀이의 본질은 재미' 라 했다. 낯설고 딱딱한 논리적인 기사 3개를 연거푸 읽는 것은 퍽퍽한 닭가슴살을 먹 듯 답답할 수 있으리라. 그래서 제목 달기를 통해 마치 내가 기자가 된 것과 같은 역할 놀이를 경험할 수 있도록 한 것이다.

〈신문사설 제목 달기〉 수업을 소그룹이 아닌 한 반 전체 학생을 대상으로 했을 때는 실패의 연속이었다. 우선 30명의 학생들의 읽기속도가 제각각이라 기사를 읽고 제목을 달고 나니 수업 시간이 끝나버렸다. 읽기 속도가 느리거나 이해력이 더뎌 아직 제목도 못 단 학생이 있는데 그 학생들을 두고 기사 원래의 제목을 확인하는 다음 단계로 넘어갈 수 없었던 것이다. 그래서 이 실패를 발판삼아 다음 주에는 기사의 수를 3개로 줄여서 학생들 앞에 섰다. 확실히 기사의 수를 줄였기에 학생들이 시간 안에 기사를 다 읽고 제목을 단 것까진 성공했다. 그러나 이야기 나누기가 문제였다. 신문으로 세상 읽기 수업에서 무엇보다 중요한 건 학생들이 세상을 읽어내는 것이다. 세상을 바로 읽기위해서는 세상의 소식을 단순히 글로 접하고 눈으로 읽는 것에서 한 발 나아가 대화하며 서로의 생각을 나누며 의견을 공론화하는 과정이 중요한데 막상 이야기를 나눠야 할 시간이 되자 학생들은 묵언수행에 들어갔다. 아마도 기사에서 다루고 있는 소재가 시사적 성격이 짙은 것들이라 평소에 다루어 보지 않았고 어떻게 이야기해야 하는지 방법적으로도 막막했을 것이다. 또한 우리의 교실문화는 정답만을 이야기해야 할 것 같은 암묵적 압박이 남아있지 않은가.

그렇다면 학생들의 입을 열 수 있게 할 방법은 없을까? '모둠별로 이야기를 해보도록 할까?' 글쎄 … 별로 효과적일 것이라 생각되지 않았다. 신문을 처음 봤다는 학생부터 어떤 사안에 대해 조금은 한쪽으로 치우친 생각을 소리 높여 이야기하는 학생까지. 혹여 이야기 나누기를 통해 신문에 대해 거부감이 생기거나 편향된 생각을 그대로 받아들일 가능성 또한 열려 있었다. 그래서 사용한 방법이 밑줄 치기. 교사가 일방적으로 기사를 언어영역 해제하듯 강의하는 것이 아니라, 작은 밑줄 치기라도 학생들이 참여할 여지를 남긴 것이다. 아니 자신이 읽은 기사에 밑줄을 긋는 것만으로 학생참여가 된다고 의아해하시는 분이 많을 것이다. 그러나 실제 학생들에게 한 두 문장이라도 밑줄을 치도록 한 후 이를 발판삼아 이야기를 시작하다 보니 학생들의 입이 열리기 시작하였다. 때문에 학생들에게 매 시간 기사를 읽으며 밑줄을 칠 수 있도록 유도하였다. 중요하다고 생각된 문장, 표현이 멋진 문장, 인상 깊은 부분, 가슴에 남은 문장 등 상관 없다. 한 두 문장이면 충분하다. 학생들이 기사를 읽는 동안 독서지도사는 교실을 돌면서 이런 저런 상황들을 점검한다. 제목 달기와 밑줄 치기를 마친 후 함께 읽기가 시작된다.

"자, 다 읽으셨나요? 그렇다면 오늘은 ○○가 있는 3분단부터 자신이 밑줄 친 문장을 읽어봅시다." 학생들은 친구들이 밑줄 친 문장을 들으며 자신의 것과 비교하고 교사는 이를 종합하며 학생들과 함께 내용 정리를 해간다. 또한 정리된 내용을 바탕으로 재질문하며 자연스레 학생들의 입은 점점 열려가게 된다. 이 방법은 대성공. 학생들의 닫혔던 입은 조금씩 열리게 되었고 이후 학생들은 기사 읽고 밑줄 치고 제목 달고 이야기하는 이 수업 형식에 익숙해져 갔다.

기사의 성격에 따라 발문을 달리하여 학생들의 생각을 끌어내었다. 학생들의 경험치가 있을 법한 기사를 읽고 난 후 경험을 나누었으며 의견을 피력해야 할 경우는 의견을 물었다. 하지만 대안을 제시하거나 해결방법을 찾아보자와 같은 질문은 지양하였다. 이에는 한계가 있기 때문이다. 수업시간에 가장 많이 한 발문의 형식은 내용정리와 학생들의 생각듣기가 함께 드러날 수 있는 "글쓴이는 ○○에 대해 ○○이라고 이야기합니다.(내용정리) 그렇다면 여러분은 글쓴이의 의견(생각)에 대해 어떻게 생각하시나요?"(학생 의견 엿보기)이다. 이 발문은 학생들을 자연스럽게 토론으로 이어주어 때로는 찬·반토론 혹은 선택토론을, 때로는 자유토론을 펼쳤다. 이 외에도 기사와 기사 연결하여 배경지식을 넓혀가거나, 기사와 관련된 책을 읽고 독서토론하기, 시사용어를 내 말로 재정의 내리기 등 기사의 내용에 따라 수업의 형태는 무궁무진하였다. 신문이 멀티유즈(multi-use)의 수업재료가 된 것이다.

학생들은 그동안 교과서에서 정의된 많은 개념들을 단지 시험을 치르기 위해 이해가 바탕이 되지 않은 채 암기했다면 기사읽기 수업을 통해 재미있는 이야기나 구체적 사례나 상황 속에서 자연스럽게 접하며 이를 익혀갔다. 미국의 대공황 시절 명 판결로 유명한 라구아디아 판사의 이야기를 통해 시사·경제용어 제로섬(zero-sum)을 알아가듯이 말이다.

미국의 대공황 시절 피오렐로 라구아디아 판사의 명판결은 오랫동안 미국을 비롯한 세계 각국에서 자주 인용된다. 그가 뉴욕지방법원 판사로 있을 때 한 할머니가 절도죄를 저질러 법정에 섰다. 할머니는 눈물을 흘리며 "딸이 남편과 이혼한 뒤 병들어 누워있고, 손자들이 굶주리며 울고 있어 빵을 훔쳤다"며 선처를 호소했다. 라구아디아 판사는 진술을 들은 뒤 할머니에게 벌금 10달러를 내라고 했다. 어쨌거나 법을 어겼기 때문이다. 그리고는 방청객들을 향해 할머니뿐 아니라 할머니가 빵을 훔칠 수밖에 없도록 만든 이웃들도 벌금을 함께 내야 한다고 판결했다. 그는 먼저 자신이 10달러를 내고 방청객들에게 50센트씩을 걷어 벌금을 제외한 나머지 돈을 할머니에게 주었다. 눈을 가린 채 저울과 칼을 든 '정의의 여신' 유스티치아(Justitia)가 눈가리개를 풀고 눈물을 보인 셈이다. (중략)

지금 우리사회는 빈부격차와 소득불평등 문제가 크다. 특히 경제가 성장을 지속할 때는 과실이 사회적 최약자들에게 조금이나마 돌아가는 윈윈(win-win)상태가 유지된다. 하지만 성장이 둔화되거나 멈추면 곧바로 가진 자가 유리한 제로섬(zero-sum: 〈사회〉 어떤 시스템이나 사회 전체의 이익이 일정하여 한쪽이 득을 보면 반드시 다른 한쪽이 손해를 보는 상태.) 국면으로 돌아선다. 이미 1997년 외환위기 때 경험했듯, 이때가 사회적 최약자들에게는 가장 위험한 순간이다. 유사 '송파 세 모녀 사건'이 줄줄이 이어지는 것이 대표적인 사례다.

한국일보. 2015. 6. 5.

이 외에도 동요 〈뽀뽀뽀〉가 '성 역할 고정론을 심어줄 수 있다'는 기사를 읽고서는 동요를 개사해보고 이와 유사한 동요가 뭐가 있는지 찾아보았다. 또한 갈수록 금융상품은 복잡해지고 저금리, 고령화로 평생 금융설계가 더없이 중요해진 시대에 금융교육은 초·중·고 12년간 총 10시간에 불과한 우리의 현실을 논한 기사를 읽고 고등학교를 나와도 신용이 뭔지, 투자 상품이 뭔지 모르는 금융문맹을 탈출하기 위한 방법을 모색해보기도 하였다. 앞서 얘기한 바대로 방법 찾기 발문은 지양하지만, 교사가 이날 던진 우문에 한 학생이 현답을 주었다. "전국에 학생들에게 신문을 보도록 하면 됩니다."

그러나 무엇보다 읽은 텍스트가 칼럼이나 사설이다 보니 상당부분의 기사는 토론활동을 통해 생각을 재구조화 해갔다. 가령 최근 사생활과 안보 중 무엇이 우선인가를 놓고 첨예하게 대립중인 애플과 FBI의 기사를 읽으며 가치토론을 통해 서로의 생각을 확장해 보았다. 1차 가치 토론 후에는 또 다른 사례의 기사를 다시 읽고 다시 2차 토론에 들어갔다. 연결해 읽은 기사는 대법원의 영장 없이 네이버가 수사기관의 요청에 개인정보를 넘겨 소송중인 대법원 판결에 관한 글이었다. 학생들은 두 개의 기사를 비교, 분석하며 읽으며 미국과 우리나라의 차이점을 찾아 이를 쟁점으로 연결하여 재토론에 들어가자 1차 토론보다 훨씬 더 열띤 토론을 할 수 있었다.

이렇듯 꾸준히 해 온 신문 읽기 수업은 배경지식의 폭을 넓혀 준 것에 머무르지 않고 대입 면접 준비도 자연스럽게 도왔다. 매주 읽은 기사는 어느덧 일 년의 시사 자료가 되었으며 이는 학생들의 시사적 안목을 키우고 넓히는 데 일조하였다. "선생님, 저 ○○대 면접에서 교수님이 '난민 문제'에 관해 질문하셨어요. 그런데 선생님이랑 수업시간에 이 주제로 3분 스피치까지 했던 거라 그런지 대답을 좀 잘 한 거 같아요." 꼭 면접 때문은 아니었겠지만 실제로 그 학생은 자신이 원하던 학교에 진학할 수 있었다.

신문을 읽고 여타의 활동 후 마지막 활동으로 가장 많이 활용한 것은 5줄 생각 쓰기이다. 학생에게 부담이 되지 않는 범위 내에서 기사의 내용과 생각을 적절히 안배하여 5줄 이상만 쓰면 된다. 소집단 수업의 경우는 모두 피드백을 해 주었지만 대집단 수업의 경우는 여의치 않았다. 그래도 수업 후에는 자신이 쓴 글을 다 제출하도록 하였으며 제출한 글은 한 줄이라도 교사의 생각을 적어 다시 돌려주었다.

실제 한 시간에 기사를 읽고 내용을 정리한 후 토론에 이르는 건 힘들었다. 때문에 차시를 나눠 1차시에는 기사 내용 이해하기 시간으로 2차시에는 토론 및 생각 적기 시간으로 나눠 진행하니 시간에 쫓기지 않고 깊이 있는 수업이 가능했다. 또한 마무리 활동으로 자신의 생각을 적는 것에서 나아가 3분 스피치까지 연결해보았다. 3분 스피치 시간에는 될 수 있으면 외워서 말하도록 하니 암기가 되어 읽은 기사가 좀 더 오래 기억되고 학생들에게 말하기 훈련도 될 수 있었다.

이렇듯 우리는 매시간 꾸준히 기사를 읽었다. 그리고 친구들의 생각을 듣고 내 생각을 말했다. 기사를 읽고 이야기하며 세상을 읽을 수 있는 비판적 안목을 기를 수 있었으며 무엇보다 학생들은 자신의 언어를 가질 수 있게 되었다. 비판적 안목이란 거창한 것이 아니다. 남과 다른 생각이 비판적 시각의 처음인 것이다. 학생이 불쑥 내뱉는 말 속에는 학생의 생각이 보였고 거칠게 표현한 생각 속에는 남들이 한 이야기를 앵무새처럼 옮기는 것이 아닌 자신의 말이 담겨있었다. 또한 기사에서 읽은 사례가 인용되어 자신의 말을 풍부하고 이해하기 쉽도록 만들었다. 이 수업을 통해 교과서에서는 알려주지 않는 세상사를 하나 둘 알아가며 학생들의 생각이 조금씩 자라건 아니었는지 행복한 상상을 해본다.

| 수 업 마 무 리 하 기 |

소그룹 집단에서 수업을 활용 때에는 좀 더 기사의 개수를 늘려 진행해도 좋다. 그러나 수업시간이나 수업에 참여하는 학생들의 수에 따라 다르기

는 하겠지만 5개가 넘어갈 경우 학생들에게나 교사 모두에게 부담이 될 수 있었다. 때문에 5개의 기사를 깊이 있게 읽고 확산시키는 것은 어떨까? 신문 기사가 하나의 텍스트로 무한히 사용될 수 있기에 교사의 판단에 따라 다양한 사례들에 변용, 적용이 가능하다. 앞서 소개한 바대로 신문을 읽고 난 후 토론하기, 1분(3분) 스피치하기, 주장하는 글쓰기, 기사 요약 연습 등 또한 글쓰기 활동에서 벗어나 기사의 성격에 맞는 다양한 체험활동을 적용해 보아도 좋을 것이라 생각된다. 세상 속에서 사람들과 함께 살아갈 학생들에게 세상에 대해 눈을 뜨고 자신을 성찰하며 사유하길 바라는 작지만 큰 바람에서 시작한 이 수업은 학생들에게 얼마나 울림을 남겼는지 모르겠으나 교사 자신에게도 꽤나 즐거운 수업으로 남는다. 10여 년 전에 시작한 신문 읽기 수업이 변형에 변형을 거듭해 시리즈로 이어지듯 진화해 지금의 모습인 것처럼 앞으로도 더 발전했으면 하는 바람이다.

그러나 10여 년 동안 이 수업을 하면서도 가장 아쉬운 점은 수업을 함께 했던 학생이나 교사 모두 세상을 읽고 생각하는 힘을 기르기만 했을 뿐 행동이 뒤따르고 있지 않다는 점이다. 가장 쉬운 방법으로 불합리하거나 인정할 수 없는 상황에 자신의 목소리를 내기 위해 일련의 활동, 독자투고나 참여하고 싶은 곳에 힘을 실어줄 수 있는 활동이 수반되어야 했음에도 불구하고 아직도 생각만 하고 침묵하고 있다. 참으로 부끄러운 일이 아닐 수가 없다.

기사 선정하기
– 한 주간의 종합지 중 학생들과 이야기 나누고 싶은 컬럼이나 사설

▼

기사 편집하기
– 기사 제목을 비워 학생들이 기자가 되어 제목을 채울 수 있도록 함

▼

기사 읽고 생각 나누기
– 기사에 밑줄 치기

▼

생각 모으기
– 토론하기, 1분 스피치, 5줄 요약하기

NO.16	2015. 9. 15.	동아일보
제목		

　　최근 누구나 알 정도로 유명해진 두 사진을 놓고 각자 인성 시험을 해보자. 하나는 한 독일 사진작가가 북극 스발바드에서 찍어 자신의 페이스북에 게재한 북극곰 사진이다. 앙상하게 마른 북극곰이 녹아내리는 빙하 조각 위에 힘겹게 서 있다. 다른 하나는 세 살배기 시리아 난민 아이 아일란 쿠르디가 터키 보드룸 해변에서 시신으로 발견된 장면을 찍은 것이다. 모래에 엎드린 채 잠든 듯이 죽어 있는 모습이다. 다음 질문에 대답해보자. 어느 사진에서 더 슬픔을 느끼는가. 북극곰 사진은 기후변화의 심각성을 아주 자극적으로 표현하고 있다. 사진을 찍은 커스틴 랑엔베거는 "지구온난화로 북극곰들이 심각한 영양실조를 앓고 있다"며 "숨진 북극곰도 여럿 봤다"고 밝혔다. 또 다른 캐나다 사진작가 폴 니클렌은 실제로 굶주려 죽은 북극곰이 바위 위에 카펫처럼 널려 있는 모습의 사진을 자신의 인스타그램에 올리기도 했다. 가장 혹독한 환경에서 최고의 포식자로 진화한 북극곰이 지구상에서 완전히 사라진다는 것은 여간 슬픈 일이 아니다. 아일란의 사진은 유럽 난민 사태를 극적으로 대변하고 있다. 아일란은 가족과 함께 시리아 북부 코바니에서 작은 배를 타고 그리스로 가다 배가 뒤집혀 변을 당했다. 가족 가운데 아버지 압둘라만 목숨을 건지고 어머니 레한과 형 가립도 아일란과 같은 운명의 길을 걸었다. 지중해가 난민선의 무덤이 된 것은 어제오늘의 일이 아니지만 해맑은 웃음을 가진 아이가 싸늘한 주검으로 발견되는 현장을 생생하게 눈으로 확인하는 것 또한 매우 슬픈 일이 아닐 수 없다. 어느 것에 더 슬픔을 느끼는지는 각자의 인성에 달려 있을 것이다. 단순하게 영양실조 북극곰에 더 슬픔을 느낀다면 생태감수성, 아일란의 비극에 더 슬픔을 느낀다면 인권감수성이 상대적으로 높다고 말할 수 있다. 그런데 문제가 그렇게 간단하지 않다. 실제로 이 질문은 최근 '전환을 위한 기후행동 2015' 등이 주최한 워크숍에서 누군가가 제기한 것이다.

워크숍 주제는 '기후변화와 인권'이고, 참석자는 환경 분야와 인권 분야의 활동가들이었다. 당연히 환경 분야 활동가는 생태감수성, 인권 분야 활동가는 인권감수성을 더 중시하는 경향을 볼 수 있었다. 인성 시험에서 정답은 없지만 의미 있는 대답을 하기 위해 약간 우회를 해보자. 먼저 유럽 난민 사태와 기후변화 위협이 별개의 사안인지부터 생각해볼 필요가 있다. 워크숍에서 발제한 조효제 성공회대 교수는 기후변화가 21세기 인권침해의 주범 중의 주범이며 세계 인권운동은 최근 들어서야 기후변화를 가장 심각한 구조적 폭력으로 인식하기 시작했다고 말했다. 인간의 생명권·건강권·생계권·재산권·자기결정권 등의 다양한 침해가 기후변화로 인해 발생한다는 것이다.

따지고 보면 유럽 난민 사태도 그 배경에는 기후변화가 자리 잡고 있다고 할 수 있다. 30만 명이 죽고 270만 명의 난민을 발생시킨 21세기 최초·최악의 제노사이드 '다르푸르 사태'가 기후변화에서 비롯됐음은 반기문 유엔 사무총장도 인정한 바 있다. 인도양의 기온 상승이 계절풍에 영향을 미쳐 다르푸르 지역에 극심한 가뭄이 계속되자 그곳의 흑인 부족이 과거 우기 때는 전혀 문제가 되지 않던 북쪽 아랍 유목민의 진입을 막아 2003년 대분쟁으로 발전한 것이다. 2011년 북아프리카와 중동을 휩쓴 재스민 혁명도 마찬가지다. 2010년 러시아 대폭염으로 밀 생산량이 40%가 줄면서 국제 곡물 가격이 폭등한 것이 중요한 배경으로 작용했다. 같은 맥락에서 유럽 난민 사태에서 가장 큰 비중을 차지하는 시리아 난민도 결국 '기후난민'이다. 시리아에서는 2006년부터 내전 발발 직전인 2010년까지 기록적인 가뭄으로 농지가 황폐화했다. 150만 명이 넘는 농민이 농지를 버리고 도시로 몰려들었고 인프라 부족으로 불만이 고조될 수밖에 없었다. 그런 토양에서 반정부군이 조직되고 극단주의 무장단체 이슬람국가(IS)가 세력을 확대하게 됐다. 아일란의 죽음으로 상징되는 유럽 난민의 열악한 인권 실태는 참으로 가슴 아프지만 그 배경이 되는 기후변화 역시 가공스럽다. 조 교수도 기후변화가 구조적으로 인권을 파괴할 규모에 비한다면 우리가 흔히 얘기하는 눈앞의 인권 문제는 "침몰하는 타이태닉호에서 상차림을 걱정하는 것"일 뿐이라고 말했다. 그렇다면 영양실조 북극곰을 보고 더 슬픔을 느낀다고 해서 인권감수성이 부족하다고 공격해서는 안 될 것이다. 기후재앙은 이미 시작됐고 예상보다 훨씬 심각한 양상으로 전개되고 있음을 확인해준 점에서 북극곰과 아일란이 우리에게 던지는 메시지는 동일하다. 똑같은 성격의 슬픔이라는 얘기다. 기후변화와 인권은 하나인 것이다.

〈신동호 논설위원〉

4.
책과 함께하는 수행평가
교양도서를 활용하여 주장하는 글쓰기

1. 「세상에 대하여 우리가 더 잘 알아야 할 교양」 시리즈 /
내 인생의 책 출판

| 수 업 엿 보 기 |

"오늘은 '주장하는 글쓰기' 수행평가를 할 거에요. 지난 시간까지 3주 동
안 수업시간에 「세상에 대해 더 잘 알아야 할 교양」 이라는 시리즈의 책을 읽
었어요. 자신이 고른 주제의 책을 읽으며 활동지에 내용도 정리했습니다. 이

제 그동안 읽은 내용을 바탕으로 두 가지 주장 중 한 가지 입장을 정해 주장하는 글을 작성해 주시면 됩니다. 이번 수행평가는 오픈북으로 진행되므로 글을 쓰며 책을 찾아보거나 그동안 작성했던 활동지를 참고하셔도 좋습니다. 자, 그럼 〈주장하는 글쓰기〉 국어 수행평가를 시작하겠습니다."

사각사각.

교실에는 학생들이 글을 작성하느라 내는 연필소리와 간혹 가다 책장을 넘기는 소리만 가득하다. 정신없이 글을 써 내려가는 학생들. 때로는 책을 펼쳐보기도 하고 때로는 잠시 멈춰 생각에 잠기기도 해가며 한 시간 동안 열중하여 꾸준히 글을 써 내려가고 있다. 이 풍경은 국어시간에 〈주장하는 글쓰기〉 수행평가의 모습이다.

이전의 〈주장하는 글쓰기〉 수행평가 시간과 달라진 점이라면 학생들이 책을 펼쳐보면서 글을 쓰고 있다는 점과 대부분의 학생들이 쉬지 않고 종이 한 가득 한 시간 동안 꾸준히 무언가를 쓰고 있다는 점이다. 이전 수행평가에서는 짧게는 10줄, 길어야 한 페이지 쓰기도 힘들어 했던 학생들이 지금은 오히려 시간이 더 필요하다며 아우성치며 두 장을 쉽게 써내려가고 있었다. 이전의 수행평가와 지금의 수행평가 사이에는 무슨 차이점이 있을까? 답은 책이다. 이번 수행평가를 위해 우리는 수행평가 전 미리 책을 읽고 내용을 정리해 보았기 때문에 수행평가 시간에 멈추지 않고 종이 한 가득 내 생각을 쓸 수 있었던 것이다.

　학생들과 책을 읽고 난 후 독서 토의나 토론을 진행하다보면 단순히 자신의 의견을 표현하거나 개진하는 자유로운 분위기 속 토의의 경우는 비교적 활발하게 생각들이 오가곤 한다. "책을 읽고 난 소감은 어땠어요?", "이 책에 점수를 준다면 5점 만점에 몇 점을 주실 것 같아요?", "책을 읽고 생각나는 사람이나 사건 혹은 에피소드가 있으신 분은 말씀해 주시겠어요?" 등 교사의 열린 질문에 학생들은 충실히 자신의 생각을 정리하여 말한다. 하지만 좀 더 깊이 있는 생각을 요하거나 근거를 들어 주장을 펼쳐야 하는 토론으로 들어가면 상황은 이내 달라진다. "나는 그 의견에 공감한다." 혹은 "공감하지 못한다." 둘로 나누어진 주장 중 자신의 입장이나 생각 한 가지를 정하기까지는 한다. 하지만 자신이 왜 그 입장에 공감하는지 혹은 그렇지 않은지에 대한 이유를 말해야 할 때면 조용히 입을 닫는 학생들이 많아진다. 왜 그럴까? 이 질문에 대한 답은 처음 이 수업을 의뢰한 한 국어교사의 고민과도 맥을 같이하고 있다.

　평소 독서교육에 관심이 많은 한 국어교사의 고민은 이러했다. 매년 〈주장하는 글쓰기〉 수행평가를 학생들에게 과제로 내는데 제출한 학생들의 글을 읽다보면 주장만 있고 근거가 빠진 글들이거나, 근거를 제시했다고는 하나 거의 대동소이 한 것들이 많다는 것이었다. 또한 요즘 학생들은 수행평가나 과제 제출 시 인터넷 검색만 하려고 하지 책을 거의 활용하고 있지 않는 현실을 염려하며 이번 수행평가에서는 '책을 좀 활용해보고 싶다'는 것이었다. 그래서 이에 적합한 도서가 있는지, 만약 책이 있다면 그 책을 어떻게 수행평가에 반영할 수 있을지 자문을 구하셨다. 국어교사의 이야기를 들으면서 독서 토의 때는 활발히 이야기하다가 토론에만 들어가면 조용해지는 학생들이, 말하고 싶지만 할 말할 거리가 없어 말을 할 수 없는 학생들이 생각났다. 평소 내 고민과도 통하는 바 〈주장하는 글쓰기〉 수행평가를 위해 도움이 될 만한 책에는 뭐가 있을까 바로 책 선정에 들어갔다.

선택한 책은 내 인생의 책 출판사에서 나온 『세상에 대하여 우리가 더 잘 알아야 할 교양』 시리즈이다. 이 책은 편견에 둘러싸인 세계 흐름에 대해서 보다 적확한 정보와 지식을 제공하고자 기획된 교양도서로 전국사회교사모임 선생님들과 각 분야 전문가들이 감수를 마친 책이다. 『세상에 대하여 우리가 더 잘 알아야 할 교양』 시리즈(이하는 줄여서 세더잘 시리즈)에는 공정무역, 미디어의 힘, 자연재해, 성형수술, 사형제도, 낙태, 피임, 안락사 등의 다양한 주제별로 책이 구성되어 있으며 현재는 46. 청소년 노동까지 총 46권까지 출판되었다. 세더잘 시리즈에는 주제별로 깊이 있는 정보가 쉽게 제시되었을 뿐 아니라 책 속 주제와 관련된 상반된 주장을 제시하여 주장하는 글쓰기를 위한 참고도서로 적합하다고 생각되었다. 가령 다룰 주제가 '공정무역'이면 무역의 개념 설명부터 시작해서 자유무역에서 공정무역까지 사례를 중심으로 학생들이 알기 쉽게 풀어내 설명하고 있다. 또한 단순히 설명에만 그치는 것이 아니라 상반된 입장의 논제 '자유무역을 통해서 무역의 규모를 키워야 한다.' vs '공정무역으로 분배를 제대로 하는 것이 우선이다.' 를 함께 제시함으로써 세상을 바르게 보고 올바르게 인식할 수 있는 잣대로 활용할 수 있도록 하고 있다. 감사하게도 국어과 교사들 모두 독서지도사가 추천한 책에 만족해하였고 우리는 이 책과 함께 〈주장하는 글쓰기〉 수행평가에 들어갔다.

| 수 업 들 어 가 기 |

현재 48권까지 출판된 책 중에서 1권 공정무역부터 33권 해양석유 시추까지 총 33권을 책 상자에 담아 국어수업에 들어갔다. 33명 이내로 구성된 한 반 학생들에게 한 사람당 한 권씩 책을 선택하도록 하였다. 본 수업은 1학년 국어 수업시간 4차시 중 한 차시동안(일주일에 4차시 국어수업 중 1차시 국어+독서수업) 국어교사와 독서지도사가 함께 수업을 하는 교과연계 독서수업으로 도서관에서 진행되었다. 도서관에서 수업이 진행되기에 도서관이라는 공간의 장점을 살려 33권의 책을 도서관 책상 위에 모두 펼쳐 놓은 후 한 반 학생이 모두 모여 각자 자기가 읽고 싶은 책을 선택할 수 있도록 하였다. 30명의 학생들이 책을 살피며 자신이 읽고 싶은 주제를 찾아 책을 고르느라 다소 산만하기는 했으나 오히려 학생들이 어떻게 책을 고르는지 그 과정을 엿볼 수 있는 시간이었다. "어, 나 공정무역 알아.", "워…", "이 이야기 뉴스에서 봤어." 교사의 강요에 의해 정해진 하나의 주제로 수행평가를 치러야하는 것이 아니라 서로 함께 자유롭게 이야기하며 마치 길거리의 간판을 읽듯 세상사를 다룬 다양한 주제도 살펴가며 책을 선정하는 과정을 통해 자율성을 줌과 동시에 본인이 고른 책에 대한 책임감도 느끼게 해주고 싶었다.

국어교사는 책 선택을 마친 학생들에게 앞으로의 수업 방향을 이야기하였다. 책 읽기는 3주간 이루어지며 마지막 4주차에는 〈주장하는 글쓰기〉 수행평가가 실시된다. 3주간의 읽기 시간 동안에는 틈틈이 내용을 정리할 수 있는 활동지(활동지 별첨)를 작성하여 매 수업시간에 제출하도록 하였으며 정리한 활동지는 수행평가 점수에 반영될 수 있도록 하였다. 학생이 작성한 활동지가 내신에 반영되므로 국어교사는 적확한 평가 기준이 담긴 멋진 활동지를 만들어 주었다. 그리고 마지막 주에는 그동안 각자 읽은 책의 내용을 바탕으로 상반된 주장중 한 가지 입장을 정해 주장하는 글을 써서 제출하면 한 달간의 수업이 마무리 된다.

3주간의 읽기 시간. 서사구조가 있는 소설이나 비교적 읽기 쉬운 에세이에 익숙한 학생들에게 딱딱한 정보 나열인 교양도서 읽기란 여간 어려운 일이 아니었다. 개중에는 재미있어 하며 책에 빠져 읽는 학생도 있었지만 대부분은 난색을 표했다. 그래도 평가와 연결되다 보니 앓은 소리를 해가면서도 꾸역꾸역 매 시간을 버티고 견디어 나갔다. 그런 아이들의 모습을 보며 꾹꾹 참아내는 모습이 귀여워 웃다가도 다른 한 편으로는 평가가 뭔지 짠하기도 하였다.

3주간 책 읽기 시간동안 중간에 책을 바꾸고 싶어 하는 학생의 경우는 남아있는 책의 범위 내에서 자유롭게 바꿀 수 있도록 하였으며 활동지 작성에 있어서도 3주라는 큰 틀만 제시하고 시간 안배나 매 시간 얼마만큼 작성할지 등은 본인의 자율에 맡겼다. 다만, 활동지 작성에 있어 지금 쓰고 있는 활동지가 마지막 주에 있을 주장하는 글쓰기를 위한 근거 자료로 사용된다는 것은 분명히 알리고 수업 중간마다 재확인해주었다. 또한 우리가 앞으로 쓸 글은 주장하는 글이기에 주장에 관한 한 가지 입장을 미리 정해 근거를 찾아가며 책을 읽는다면 나중에 글을 쓸 때보다 쉽게 근거를 제시할 수 있다는 점 또한 이야기 해주었다.

매 시간 작성한 활동지는 그 시간에 내는 것을 원칙으로 하였으며 부득이 개인적 사정으로 인해 수업에 참석하지 못하는 경우는 방과 후나 그 주 안에 다른 시간을 활용하여 수업시간과 동일한 한 시간 동안 책을 읽고 활동지를 작성할 수 있도록 하였다. 학생들이 활동지를 작성해 나갈 때 국어교사와 독서지도사는 학생들이 어려워하는 용어나 글을 이해하지 못하는 경우에는 적극 개입하여 학생들의 책 읽기를 도왔다.

마지막 주, 〈주장하는 글쓰기〉 수행평가 시간. 주장하는 글쓰기에 앞서 지금까지 읽은 책을 학생들에게 나누어 주고 책을 보면서 글을 쓰도록 할 것인지 아니면 3차시동안 작성한 활동지만을 바탕으로 글을 쓰게 할 것인지 국어과 교사들 사이에 의견이 엇갈렸다. 협의 끝에 책과 함께 하는 첫 수행평가이다보니 '책을 활용할 수 있도록 하자.'는 의견이 반영되어 책을 보면서 글을 쓸 수 있는 오픈북으로 진행하기로 하였다. 또한 자신의 주장을 보완하기 위한 추가 자료를 준비해온 학생들의 경우에도 이를 인정해주기도 했다.

그러나 우리의 고민을 비웃기라도 하듯 막상 글을 작성하는 동안 학생들은 책을 펼쳐 보거나 활동지를 넘겨보지 않았다. 간혹 책을 찾아보는 학생들이 있기는 하였으나 용어를 잠시 확인하는 수준이었다. 아마도 3주라는 시간 동안 꼼꼼히 책을 읽으며 쌓인 지식을 종이에 글로 펼치기에도 학생들은 바빴을 것이다. 그렇지 않은가. 우리도 책을 읽을 때 필요한 단어나 부분을 가끔씩 메모하거나 밑줄 그어 그 장면이나 부분을 잡아두기는 하지만 대부분은 책을 읽는 동안 자연스레 책 내용이 머릿속에서 정리되어 내 방식대로 나만의 언어로 옮겨지는 경험을 했었다. 학생들도 그랬던 것이다. 이것이 독서의 힘이 아닐까 생각한다. 책을 읽으며 책 속 지식과 내용들이 책의 이해를 넘어 내 머릿속에 이미 자리 잡고 있는 배경지식과 합쳐져 나의 지식의 파이가 점점 커지는 것. 비록 수행평가를 위한 독서이기는 했지만 교양도서 읽기를 통해 오늘을 살아가는 학생들에게 편견 없이 다양한 세상의 모습을 바로 볼 수 있는 기회를 제공하고 나아가 통찰력까지 기를 수 있도록 한 건 아닐지…

수업시간으로 들어간 책 읽기가 책 읽고 생각 나누기에서만 머무는 것이 아니라, 이제는 평가와 연계되어 좀 더 꼼꼼히 책을 정독하여 이해한 책 속 내용들이 학생들의 머릿속 생각들과 만나 자신의 생각의 크기를 키워갔다. 그렇기에 이러한 국어+독서 수행평가 연계 수업이 학생들에게 자연스럽게 독서의 내면화 과정을 경험할 수 있게 한 건 아닌가 생각해 본다.

| 수 업 마 무 리 하 기 |

평소 학생들에게 자신의 글에 대한 만족도를 물으면 그리 높지 않은 편이다. 학생들은 자신의 글에 대해 정확히 어떤 부분이 부족하고 뭐가 잘못 되었는지 정확히 알고 있지는 못해도 항상 뭔가가 부족하고 어색하며 만족스럽지 않다고 답한다. 그랬던 학생들이 이 수업을 마친 후 글다운 글을 처음 써보았다거나, 글을 쓰기 위해서는 자료 조사가 얼마나 중요한지 알게 되었다거나, 조사한 내용들을 어떻게 배열하고 이를 조직하여 구조화해야 하는지 알게 되었다는 이야기들을 해주었다. 그래서인지 글쓰기를 마친 학생들의 표정은 밝았으며 수행평가 후 학생 만족도는 높은 편이었다.

또한 수업을 함께 했던 국어과 교과들 역시 학생들의 글이 작년보다 훨씬 풍부해졌을 뿐 아니라 논리적으로 기술된 것들이 많았다며 교사들 역시 만족도가 높은 편이었다. 때문에 이제는 매년 한 고등학교 1학년 2학기 국어 수행평가에는 항상 책이 함께 하고 있다.

| 수 업 정 리 |

책 선정하기
- 「세상에 대해 우리가 더 잘 알아야 할 교양」 시리즈

▼

3주간 책 읽고 내용 정리하기
- 한 사람씩 한 권의 책 읽고 내용 정리하기 (활동지 별첨)

▼

4차시 마지막 주
- <주장하는 글쓰기> 수행평가

국어시간에 독서하기	세상에 대하여 우리가 더 잘 알아야 할 교양 1			
	학년 ( )반 ( )번 이름 ( )	점수		확인

내가 고른 책의 주제는요? 　**공정무역, 왜 필요할까?**　 입니다.

책을 읽기 전에 생각 떠올리기

• 책의 주제와 관련해서 떠오르는 생각이나 알고 있는 것을 적어봅시다.
• 잘 생각나지 않는다고요? 그럼 책을 훑어보며 반복되는 단어나 인상적인 단어를 적어보세요.

책을 읽으며 책 속 내용 따라잡기

• 책을 읽으며 책의 내용을 정리해 봅시다.

1. 왜 공정무역이 중요할까요?

2. 우리가 먹는 음식과 내가 입는 옷들은 어디에서 왔을까요?

3. 전자제품과 보석의 재료, 사람들을 해치는 무기, 약을 생산하는 과정엔 어떤 문제가 있나요?

4. 마약 거래는 어떻게 이루어질까요? 또한 투자의 긍정적·부정적 측면을 정리해봅시다.

5. 세계 무역의 문제들은 어떤 것들이 있나요?

6. 다국적 기업에 대해 적어봅시다. 또한 공정무역은 무엇이며, 어떻게 참여할 수 있을까요?

 책을 읽고 나서 나의 생각을 정리하여 주장하는 글쓰기

1. 〈주장하기〉 '공정무역'과 관련해서 아래의 두 주장은 팽팽하게 맞서고 있습니다.
나의 생각은 어느 쪽에 더 가까운 가요? 그리고 왜 그렇게 생각했나요?

"자유무역을 통해서 무역의 규모를 키워야 한다."

vs

"공정무역으로 분배를 제대로 하는 것이 우선이다."

⇓

나의 생각은 " _____ "에 더 가깝다.

2. 〈근거 찾기〉 자신의 주장을 뒷받침할 수 있는 근거를 찾아 정리해 보세요.

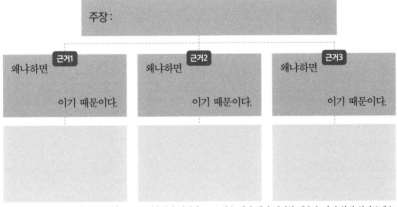

'왜냐하면(근거)' 부분을 채우기가 어렵다고요? 읽은 책과 앞서 정리한 내용을 다시 한번 살펴보세요.

알아 두기 주장하는 글의 특성

주장하는 글의 목적은 글쓴이가 자신의 주장을 독자에게 이해시킴으로써 독자를 설득하는 것이다. 그렇기 때문에 주장이 명확해야 하고 주장을 뒷받침하기 위해 제시하는 근거가 타당해야 한다. 주장하는 글은 보통 '서론–본론–결론'의 세 부분으로 구성된다.

- 서론 : 다루고자 하는 문제를 예상 독자에게 제시한다.
- 본론 : 자신의 주장을 명확하게 밝히고 타당한 근거를 제시하여 예상 독자를 설득한다.
- 결론 : 본론의 내용을 요약하여 자신의 주장을 다시 한 번 강조한다. 경우에 따라 전망을 제시할 수도 있다.

3. 2에서 정리한 내용을 바탕으로 주장하는 글을 써 봅시다. 나의 생각이 잘 드러날 수 있도록 제목도 멋지게 정해보세요.

5.
그림책과 함께하는 소설 창작

1. 「노란 우산」 류재수 지음 / 보림
2. 「이상한 화요일」 데이비드 위즈너 지음 / 비룡소

| 수 업 엿 보 기 |

"자, 이제 각자의 활동지를 들고 교실 벽면에 붙여져 있는 그림책을 보러 움직여주세요. 우선은 1번부터 10번까지 열 명의 학생들이 먼저 자리에서 일어나 책을 보도록 하겠습니다."

독서수업 시간에 학생들은 책을 읽는다. 이 책은 각자 자신이 고른 책일 수도 있으며 혹은 독서지도사나 국어교사가 준비한 책일 수 있다. 그러나 오늘 교실에 있는 학생들은 교실 벽면에 붙여진 그림책을 보기 위해 자리에서 일어난다. 생소한 수업형태에 낯설어 하면서도 그림책이 한 장씩 낱장으로 복사되어 붙여진 교실 벽면으로 다가가 그 앞에 선다. 그리고는 마치 그림을 감상하거나 영화포스터를 읽어내듯 한참동안 그림책을 살펴보며 친구들과 소곤소곤 이야기를 나눈다. 그러나 학생들이 보고 있는 그림책에는 글이 없다. 자리에서 일어섰던 열 명의 학생들은 글이 없는 그림책 두 권을 한참을 서서 바라본 후 자신의 자리로 돌아온다.

자리로 돌아온 학생들은 보았던 두 가지 그림책 중 한 권의 그림책을 골라 그림책 속 그림에 자신의 글을 입혀간다. 소설 창작에 들어가고 있는 것이다. 아이들의 상상력을 자극하는 그림책에서 시작해 소설 쓰기를 해보는 것이다. 오늘 우리는 글이 없는 그림책 두 권을 읽고 그 중 한 가지 그림책을 선택해 〈그림책과 함께하는 소설 창작〉 수업을 하고 있다.

| 수 업 준 비 하 기 |

다른 이들과의 대화를 통해서 혹은 누군가 내뱉는 말 속에서 아니면 우연히 지나치는 사물이나 상황 속에서 수업의 아이디어를 얻을 때가 있다. 이 수업이 그러했다. 우연히 학생들과 있었던 두 가지 일화를 통해 수업은 디자인되었다.

근무했던 고등학교의 도서관은 학생들을 위한 학교도서관이기는 하나 동시에 지역주민을 위한 개방형 도서관이어서 다른 학교도서관에 비해 비교적 다양한 종류의 그림책을 구비하고 있었다. 어느 날 도서관에서 한 학생이 "선생님, 그림책은 유치원생만 봐요?"라고 물었다. "당연히 아니지. 그림책은 남녀노소 모두를 위한 책이야." 라고 대답을 한 후 그 학생에게 몇 권의 그림책을 추천해주었다. 학생은 추천받은 그림책을 한참을 집중해서 읽은 후 "와, 그림책, 생각보다 재밌는데요." 라고 말하며 도서관을 떠났다. 며칠 후 그 학생은 친구 무리를 몰고 도서관으로 와, 그림책이 있는 서가로 갔다. 그리고는 친구들에게 본인이 재미있게 읽었던 그림책을 꺼내주며 읽어보라 권한 후 내게로 와서는 '오늘도 재미있는 그림책을 추천해 달라.'고 말했다.

　　학생들이 돌아가고 난 후, '아, 그림책을 가지고 고등학생들과 수업을 해도 괜찮겠다. 수업자료로 활용해도 좋겠는걸.' 하는 생각이 들었다. 동시에 그림책을 수업의 자료로 사용할 수 있다는 생각에 이르지 못한 스스로에 대한 반성을 했다. 말로는 '그림책은 남녀노소 모두를 위한 책'이라 이야기하고 행동으로는 '아이들용 책인데 어떻게 고등학생 수업자료로 쓸 수 있겠어?'라고 스스로 생각의 문을 닫고 의미를 단정 짓고 있었던 건 아닌지 말이다.

　　두 번째 일화는 이러하다. "선생님, 짜증나요. 국어 수행평가로 소설을 써야 하는데 뭘 어떻게 써야 할지 도대체 모르겠어요." 한참동안 투정을 쏟아내고 난 후에야 비로소 여학생 무리는 돌아갔다. 아이들이 돌아가고 난 후 든 생각은 '왜 이렇게 어려워하지?'였다. 그러나 '그 과제가 내 앞에 놓여있다면 어땠을까?' 생각해 보니, '아, 막막할 수 있겠구나.' 싶었다. 아이들의 막막한 심정에 공감했으니 가려운 곳을 긁어주면 되는 것이다. 뭘 쓸 지 모르겠다고?

그럼 쓸 거리를 주면 된다. 어떻게 쓸 줄 모르겠다고? 그럼 소설 쓰는 과정을 세분화하여 보여주면 될 것이 아닌가? 오히려 답은 쉽고 명확하게 나왔다. 그렇다면 가장 중요한 질문은 학생들에게 뭘 줄 것인가? 답은 '그림책'이다. 더 정확히 말하면 글이 없는 그림책.

일반적으로 그림책은 그림과 글이 함께 나와 있다. 하지만 어떤 그림책은 그림만으로 주제를 전달하기도 한다. 학생들에게 글이 없는 그림책을 보여주고 자유롭게 상상하도록 한 후 머릿속에서 상상한 이야기를 가져다 글감으로 삼아 자신만의 소설로 써보게 하는 것이다. 즉 글이 없는 그림책의 그림이 소설의 글감이 되어 소설의 구성 요소가 되는 것이다.

그리고 아직 중요한 질문이 하나 더 남아있다. 그것은 '어떻게 쓸 것인가?'이다. 이 질문에 대한 답은 평소 독서교육에 관심이 많은 국어교사에게 도움을 요청하기로 했다. 이제 머리가 아닌 발이 움직일 때. 이번 학기에 함께 협력수업을 진행하고 있는 국어과 교사 한 분과 협의에 들어갔다. 두 가지 일화를 함께 나누며 이야기를 시작하자 교과 교사 역시도 학생들이 평소 글쓰기를 넘을 수 없는 벽이라 생각하고 있는 점이 안타까우셨다며 이런 형식의 독서수업이라면 좋을 것 같다며 흔쾌히 수업에 동참하고자 하였다. 갑자기 계획된 수업이라 진행되고 있던 수업의 일정을 고려하여 2차시의 단기 프로그램으로 계획하였으며 교과연계 독서교육에 관심이 많은 선생님들과 수업을 함께 나누고자 수업 공개도 함께 진행하기로 하였다. 수업 협의과정에서 가장 중점을 둔 것은 한 가지였다. 글쓰기를 어려워하는 학생들에게 '소설을 쓰는 것이 어렵지 않다'는 인식을 심어주자. 그래서 학생들이 접근하기 쉬운 그림책에서부터 시작해 보는 것이다. 글이 없는 그림책의 스토리를 가져다 이를 자신만의 소설로 재창작할 수 있도록… 학생들의 상상력을 자극하는 글이 없는 그림책에서 말이다. 수업을 위한 활동지 역시 세분화하여 소설 창작을 위한 가이드를 제시하여 만들기보다는 학생들의 열린 생각을 자유롭게 담고 학생 스스로 구조화하기에 적합하도록 최대한 단순하게 특별한 장치 없이 만들었다.

| 수 업 들 어 가 기 |

협의를 거쳐 본 수업의 주제를 〈그림책 독서를 통한 소설 창작〉이라 잡고 교과연계 독서수업을 위한 준비에 들어갔다. 수업시간에 사용할 그림책은 『노란 우산』(류재수, 보림출판)과 『이상한 화요일』(데이비드 위즈너, 비룡소)로 정했다. 그림책을 두 권으로 정한 이유는 활용 도서를 한 권으로 할 경우 책이 마음에 들지 않아 수업에 소극적으로 참여할 수 있는 학생에 대한 염려와 두 권이지만 그중에서 선택할 수 있는 기회를 주고자 함이었다. 물론 더 다양한 그림책을 주고 싶지만, 30여 명의 학생이 함께 봐야하기 때문에 두 권 이상이 될 경우 오히려 혼잡스러울 수 있을 것 같아 사용할 책은 두 권으로 한정하였다.

비오는 날의 풍경을 담은 『노란 우산』은 감성적 측면이 강조된 그림책으로 노란 우산을 중심으로 각양각색의 우산들이 등굣길을 따라 하나 둘 점점 늘어나는 모습이 너무나 사랑스러운 색감과 그림으로 표현되었다. 이에 비해 『이상한 화요일』은 화요일 저녁 8시, 한 마을에서 일어난 기이하고도 이상한 사건을 그림만으로 표현하였다. 꿈과 상상력의 대가인 작가가 보여주는 화요일 밤의 기막힌 풍경이 그려진 이 책은 우리들을 뻔한 교훈적 주제에서 벗어나 기상천외한 쾌활함과 풍부한 상상, 즐거운 환상 속으로 푹 빠지게 만들어 준다. 일반적으로 독서수업에서 학생들은 주어진 책이나 자신이 선택한 책 혹은 발췌문으로 제시된 글을 읽는다. 하지만 이 수업은 그림책 독서를 통한 소설 창작이라는 특성상 일반적 독서 방법과 다르게 접근하였다. 나만의 책 읽기가 아니라 모두 다 함께 읽기. 그래서 수업에 활용할 두 권의 그림책을 마치 벽면에 게시된 영화 포스터를 보듯 한 반 학생이 모두 볼 수 있도록 교실 양 벽면에 부착하여 읽을 수 있도록 하였다. 이 방법은 평소 교실도 교구의 하나로써 수업을 이루는 요소라 생각했던 바, 본 수업에서는 교실이라는 교구를 최대한 활용해 보기로 한 것이다. 또한 지역개방 도서관으로 비교적 다양한 종류의 그림 도서를 구비하고 있다고는 하나 수업을 위해 똑같은 그림책 서른 권을 준비할 수 없다는 이유도 있었다.

이를 위한 준비 과정은 다음과 같다.
① 수업에 사용할 『노란 우산』과 『이상한 화요일』 그림책을 준비한다. ② 『노란 우산』 15페이지, 『이상한 화요일』 16페이지를 모두 컬러 출력한다. ③ 출

수업에 사용한 그림책 전시 모습

력물을 한 장씩 코팅한 후 끈으로 연결한다. ④ 학생들이 볼 수 있도록 교실 양 벽면에 부착한다.

1차시. 그림책과 친해지기 & 발문을 통한 소설쓰기

수업은 1학년 국어 시간 2차시에 걸쳐 국어교사와 독서지도사가 협력수업 방식으로 진행하였다. 1차시는 크게 전반부와 후반부로 나누어 전반부는 독서지도사가 후반부는 국어교사가 이끌어갔다.

1차시 전반부는 그림책과 친해지기 위한 시간이었다. 『노란 우산』과 『이상한 화요일』을 읽고 바로 소설 창작으로 들어갈 수도 있었으나 학생들 중 일부는 '고등학생이 그림책을?' '선생님이 우리를 무시하고 그러시나' 등 거부감을 가질 수 있다고 생각했다. 또한 자주 얼굴을 봐야 친해지듯 오랜만에 접하는 그림책과 익숙해지는 시간이 필요하다 여겨졌다.

이를 위해 다양한 그림책을 접할 수 있는 시간을 마련한 것이다. 독서지도사는 책상 위에 학생들이 읽을 수 있도록 모둠별로 인원수만큼의 그림책을 준비하였다. 글이 적은 그림책이라 할지라도 천천히 그림을 살펴가며 읽을 수 있도록 너무 많은 책을 놓아두지는 않았다. 학생들은 자신의 그림책을 다 읽은 후 서로의 책을 돌려 읽어가며 그림책과 익숙해지는 시간을 가졌다. 한 반 30여 명의 개성이 모두 다르듯 준비한 그림책의 특성도 제각각 학생들은 자기 모둠 위에 놓인 책들을 다 읽고 난 후 "넌 뭐 읽어?", "이거 읽어봐. 완전 웃겨.", "줘 봐. 나도 한 번 보자." 모둠끼리 자유롭게 서로서로 바꿔가며 웃고 떠들며 편안하게 이야기를 나눴다.

학생들과 책을 읽고 난 후 생각을 나누는 독후 활동 시 책의 내용에 따라 독후활동 방법이 달라진다. 본 수업에서는 그림책을 활용하다보니 좀 더 편안한 분위기에서 자유롭게 이야기 할 수 있도록 특별한 장치 없이 자신이 읽은 책에 대해 이야기 나누었다. 여타 다른 시간의 모둠별 자유토론을 할 때면 몇몇의 학생만 이야기하고 대부분의 학생들은 조용히 묵언수행으로 일관하는 경우가 많았는데 본 수업에서는 사용 도서가 그림책이어서 그런지 대부분의 학생들이 활발하게 이야기 나누는 모습을 엿볼 수 있었다. "어, 이거 유치원 때 읽은 책이야", "유치원 때 생각난다.", "이거 중학교 국어책에 나왔던 『돼지책』이네."

자연스럽게 공감을 이끈 책은 아이들의 닫힌 입을 열었으며 모둠 안에서뿐 아니라 모둠과 모둠에서 한 반 전체 수다로 이어졌고 전체 독서토의의 장으로 연결되었다. 이는 아마도 학생들이 다함께 공감할 수 있는 책이었기에 가능했던 것으로 함께 나눌 수 있는 무언가가 얼마나 중요한지 새삼 실감하는 계기가 되었다.

1차시 후반부는 소설 쓰기를 위한 준비 단계이다. 소설을 쓰는 것이 결코 어렵지 않다는 것을 보여주기 위해 국어교사는 꼬리에 꼬리를 무는 생활 속 밀착 질문으로 수업을 진행하였다. 일상 속에서 소재를 찾아 학생들과의 자연스러운 대화를 통해 한 편의 소설을 만들어 간 것이다. 이 과정에서 소설의 기본요소 인물, 사건, 배경, 주제 등 국어지식적인 부분을 자연스럽게 녹여 한 편의 소설이 완성됐다. 우리의 목소리가 합쳐져 함께 쓰는 소설인 것이다. 묻고 답하는 과정 속에는 학생들의 삶과 모습이 자연스럽게 드러났다. 내가 매일 가는 시장이 나오고 우리 이웃이 등장하며 그 속에서 학생들의 생각이 엿보였다. 특히 학생들은 자신이 아는 장소나 인물이 나올 때 교사의 물음에 더욱 집중하였으며 몰입하였다.

선생님 : 선생님이 아침 출근길에 삼미시장에서 뭘 봤는지 아세요?

학생1 : 어, 나도 삼미시장으로 오는데.

학생2 : 어 그래. 나도 그 길로 오는데 왜 널 못 봤지?

학생3 : 저 가끔씩 선생님 봤어요.

학생4 : 우리 엄마 가게도 거기에 있어요.

선생님 : 그렇구나. 우리 ○반은 삼미시장이랑 인연이 있는 친구들이 많네. 그렇다면 오늘 우리 반의 소설 속 배경은 삼미시장으로 할까?

학생들 : 좋아요.

학생들이 몰입한 발문 과정은 생각보다 훨씬 더 재미있고 기발한 소설을 탄생시키곤 하였다. 이처럼 우리 학생들의 생활과 밀접한 자연스러운 발문 과정을 보여줌으로써 학생들의 삶이 국어 지식 안으로 들어오게 되는 것은 아닐까? 더 이상 딱딱한 국어 교과서 속 지식이 아니라 나와 가족과 친구들의 이야기가 소설의 주인공이 되고 사건이 되어 갈등을 만들고 해결해 가는 것이다.

2차시. 자유롭게 소설 쓰기 & 발표하기

학생들은 도서관 양쪽 벽면에 붙여져 있는 두 개의 그림책 중 소설로 쓰고 싶은 그림책 한 권을 정한다. 그 후 각자 자신의 활동지를 들고 양쪽 벽면에 부착되어 있는 그림책 앞에서 옆에서 혹은 자기 자리에서 자유롭게 글을 써갔다. 30여 명의 학생이 움직여 다소 복잡하지 않을까 걱정됐지만 그 안에서 스스로 자신들만의 룰을 만들어 가는 모습이 신기하면서도 기특하였다. 그림책을 보는 시간과 방법은 학생별로 천차만별이었다. 1분 만에 다보는 학생, 아예 그림 앞에서 소설을 쓰는 학생, 그러나 대부분의 학생들은 그림책을 보는데 5분을 넘지 않았다. 다만, 소설을 쓰는 중간에 다시 나와서 그림을 확인 하는 학생들이 많았다.

책 선택에 있어서 비교적 6:4의 비율로 『노란 우산』을 선택하는 학생들이 많았다. 이는 그림만으로는 이야기의 예측이 쉽지 않고 숨겨진 의미를 찾기 위해 상상력을 발휘해야 하는 『이상한 화요일』보다는 비교적 단순한 그림만으로 쉽게 이야기가 추측되는 『노란 우산』이 소설 창작으로 접근하기 쉬운 것이 한 가지 요인으로 여겨진다.

소설 창작에 들어가자 평소 글쓰기가 어렵다고 투정을 부리던 모습들은 사라지고 대부분의 학생들은 몰입하여 골똘히 자신의 글을 쓰고 있었다. 개중에는 중간 중간 발산되는 생각들을 입으로 먼저 내뱉으며 깔깔거리는 아이들도 있었지만 이 모습 역시 교실 속 풍경이라 생각한다. 집중해 글을 써 내려가는 학생, 깔깔대며 그냥 이 시간이 마냥 즐거운 학생, 이 모습을 흐뭇하게 바라보는 교사, 딱딱한 교실 속 무표정한 학생과 교사의 모습이 아닌 모두가 이 시간을 즐기는 국어 시간 속 풍경이었다.

소설 창작 수업 모습

학생들이 소설을 쓰는 동안 국어교사와 독서지도사는 학생들 사이를 돌아다니며 조금 늦게 따라오는 학생들을 독려하기도 하고 학생들이 쓴 글을 보며 추후 학생들의 발표 시 발표 자료로 활용할 수 있도록 하였다. 약 15분의 소설 쓰기를 마친 후 각자 자신이 쓴 소설을 발표하는 시간을 가졌다. 평소 발표라면 누구보다 싫어했던 학생들은 한 학생이 발표 스타트를 끊자 발표하겠다며 서로 손을 드는 풍경에 웃음이 나오기도 하였다.

학생들이 그렇게 열심히 뭔가를 집중해서 쓰는 모습을 그리고 그렇게 열심히 다른 친구의 이야기를 듣는 모습을 나아가 적극적으로 발표하려는 그 모습 속에서 우리 아이들의 표정은 모두 맑음과 행복 그 자체였다.

이제는 성공적 읽기 경험에 쓰기 경험 그리고 성공적 말하기 경험까지… 우리 아이들에게 '어 소설 쓰는 거 어렵지 않네.' 혹은 '그거 별거 아니네.', '말하기 할 만 한 걸.', '생각보다 떨리지 않던데.' 라는 또 다른 긍정의 인식 변화가 일어난 것은 아닐까하는 기분 좋은 상상을 해본다.

학생들의 글 속에서 똑같은 등굣길 우산 행렬이었지만 각양각색의 다양한 이야기가 탄생했다. 앞으로 다가올 군대 가는 길을 떠올리는 학생, 짝사랑 하는 여자 친구의 미행 길로 풀어낸 학생, 학생을 걱정하는 선생님이 학생들 집을 가가호호 방문하며 함께 등교하는 등굣길로 묘사한 학생 등도 있었다. 그 중에서 아래의 글은 청소년기의 살아있는 고민이 고스란히 잘 담겨 읽는 이나 듣는 이 모두에게 공감을 이끌어내었다.

〈학생 글 예시〉

내 자리

김〇〇

나는 노란 우산. 지금은 무엇을 해야 할지 몰라 돌아다니고 있다. 길을 걷다

보니 파란 우산을 만났다. "파란 우산아, 파란 우산아 어딜 가니?" "나는 내 자리를 찾고 있어." "노란 우산아, 노란 우산아 나를 봐봐. 내 자리를 찾아보자." 파란 우산과 노란 우산은 자신의 자리를 찾으러 돌아다니다가 빨간 우산을 만났다. "빨간 우산아, 빨간 우산아 어딜 가니?" "나는 내가 무엇을 해야 하는지 찾고 있어." "노란 우산아, 파란 우산아, 우린 무엇을 해야 하는지 찾자." 빨간 우산, 파란 우산, 노란 우산이 놀이터에 들어갔을 때 분홍 우산이 보였다. "분홍 우산아, 분홍 우산아 어딜 가니?" 나는 나를 필요로 하는 '이'를 찾고 있어. "빨간 우산아, 파란 우산아, 노란 우산아, 우리를 필요로 하는 '이'를 찾자. 노란 우산 외에 세 개의 우산들은 분수대에서 초록 우산을 만났다. "초록 우산아 초록 우산아 어딜 가니?" 나는 내가 낄 자리를 찾고 있어. "분홍, 빨간, 파란, 초록 우산아 우리가 낄 자리를 찾아보자."

그렇게 우산들은 하나, 둘 다른 우산들을 만나 돌아다니기 시작했어요. 우산들이 길을 걷고 있을 때 비가 오기 시작했어요. 그러자 파란 우산이 말을 했어요.

"저기 봐. 우산 통이 비어있어. 아마도 저 자리가 내 자리 일 수도 있을 것 같아." 그리고 빨간 우산이 얘기했어요.

"저 자리에 있으면 내가 무엇을 해야 되는지 알 수 있을 거 같아." 분홍 우산도 이야기했죠. "그래 아마도 저 자리에 있으면 나를 필요로 해주는 '이'가 찾아가 줄 거야."그리고 나머지 우산들도 자신이 찾던 그곳을 찾아서 기뻐했어요. 하지만 노란 우산은 기뻐하지 않았어요. 그러자 초록 우산이 와서 말을 했어요. "노란 우산아 지금 이곳이 우리가 낄 자리라는 거야." 노란 우산이 말했어요. "왜 저기가 우리가 낄 자리라는 거죠?" 초록 우산이 대답했어오. "저 우산들은 꿈을 찾은 거잖아. 그럼 우리처럼 꿈이 없는 우산은 저 우산들 사이에서 꿈을 찾는 거란다." 노란 우산은 초록 우산의 말을 듣고 꿈을 찾겠다고 결심하고 우산 통 자기 자신의 자리로 돌아갔습니다.

| 수 업 마 무 리 하 기 |

우리 아이들이 왜 그렇게 행복한 표정을 지으며 수업에 열심히 참여했을까? 답은 쉽다. 쓰고 싶었기 때문이다. 학생들에게 쓰고 싶은 것을 쓰고, 말하고 싶은 것을 말할 수 있는 기회의 장을 만들어 준다면 아이들은 우리가 상상하는 것 이상의 잠재된 능력을 보여 줄지 모른다. 이 수업을 계획, 구현하고 난 후 든 생각은 수업목표처럼 단순하게 한 가지로 압축된다. 느껴야 움직인다.

"어떤 느낌?" "책 읽기가 힘들고 재미없는 일만은 아니다." "글쓰기가 막막하고 어떻게 해 볼 수 없는 것만은 아니다." "말하기가 떨리고 피할 수만 있다면 피해야 하는 것만은 아니다."

책을 읽고 자신의 생각을 글로 쓰고 말로 표현하는 것이 결코 어렵고 힘들고 떨린 것만은 아니라

소설 창작 수업 발표 모습

는 사실을 학생들의 가슴에 닿게 해주고 싶었다. 느꼈다면 움직일 수 있을 테니까. 최소한 마음에 와 닿는 작은 울림을 경험한 학생은 졸업을 하고 학교를 떠나 어른이 되어서 책을 찾으러 서점에 가고 많은 사람들 앞에서 자신의 생각을 이야기하며 나를 글로 표현할 수 있는 학생이 될 수 있을 것이다.

| 수 업 정 리 |

그림책 선정하기
– 「노란 우산」, 「이상한 화요일」

▼

글이 없는 그림책 읽기
– 교실 벽면에 붙여진 그림책 읽기

▼

그림책과 친해지기 & 발문을 통한 소설쓰기

▼

자유롭게 소설 쓰기 및 발표하기

참고자료 | 그림책 도서목록

	책제목	글/그림	출판사	키워드
1	달샤베트	백희나	스토리보울	환경, 지구온난화
2	돼지이야기	유리	이야기꽃	환경, 구제역살처분, 공장식 축산
3	늑대가 들려주는 아기돼지 이야기	존 셰스카/레인스미스	지크	입장 바꿔 생각하기
4	지각대장 존	존 버닝햄	비룡소	권위적인 선생님, 소통
5	돼지책	앤서니 브라운	웅진주니어	입장 바꿔 생각하기
6	개구리 왕자 그 뒷이야기	존셰스카/스티븐 존슨	보림	발상의 전환
7	나의 사직동	한성옥,김서정	보림	서울 속 향수
8	숲속으로	앤서니 브라운	베틀북	앤서니 브라운판 빨간 모자
9	빨간모자	베너뎃 왓츠/그림형제	시공주니어	그림책으로 보는 고전
10	야씨방 일곱 동무	이영경	비룡소	그림으로 보는 고전수필
11	까마귀 소년	야시마 타로	비룡소	왕따, 소외, 극복
12	오수의 개	김호민	웅진주니어	주인을 위한 희생, 헌신
13	푸른 개	나자	파랑새	편견, 사랑
14	점	피터 레이놀즈	문학동네	작은 칭찬 하나, 자신감
15	백두산 이야기	류재수	보림	우리 땅의 유래, 신화
16	어머니 이야기	한스 크리스티안 안데르센	북하우스	모성애
17	괜찮아	최숙희	웅진주니어	무한긍정
18	레스토랑 sal	소윤경	문학동네	환경, 이면의 이야기
19	빨간 나무	숀탠	풀빛	독서치료, 희망
20	엄마가 뿔났다	최숙희	책읽는곰	이해
21	괴물들이 사는 나라	모리스 샌닥	시공주니어	동심, SF
22	엄마 마중	이태준	소년한길	그림책으로 보는 근대
23	낡은 목마 이야기	에밀리 림/닐 샤프	주니어북스	배려, 올바른 가치관
24	삐비이야기	송진헌	창작과 비평사	자폐아, 왕따
25	열두띠이야기	정하섭/이춘길	보림	그림으로 배우는 12띠
26	무지개물고기	마르쿠스 피스터	시공주니어	다문화, 다름 차이
27	가시내	김장성/이수진	사계절	우리말
28	나무를 심은 사람	장 지오노/프레데릭 백	두레아이들	희망, 희생
29	우리 할아버지	존 버닝햄	비룡소	가족, 이해
30	엄마가 화났다	최숙희	책읽는곰	가족, 배려, 이해
31	모기와 황소	현동염/이억배	길벗어린이	유머, 우리말

6.
모의면접교실

1. 「○○○이 말하는 ○○○」 전문직 리포트 시리즈 / 부키
2. 「나의 직업 ○○○」 시리즈 / 동천
3. 활용 영상 : MBC 무한도전 76회 「면접」편

| 수 업 엿 보 기 |

"와~ 면접관이다. 휴… 넌?" "난… 면접자야. 휴우…."

안도의 한 숨과 아쉬움의 한 숨이 교차는 이곳은 모의면접을 체험하고 있는 한 고등학교의 교실이다. 면접관 역할을 뽑은 학생들은 비교적 환한 얼굴로 면접관 자리에 앉는다. 반면 면접자 역할을 해야 할 학생들은 다소 걱정스러운 얼굴로 왼쪽 가슴에 면접 응시표를 달며 면접장으로 입장을 기다리고 있다.

4명의 면접관과 4명의 면접자. 1번부터 7번까지 7명의 학생들이 제비뽑기를 한다. 모두가 가장 마음 졸이는 순간으로 서로들 먼저 뽑겠다고 아우성이다. 드디어 3명의 면접관과 4명의 면접자가 결정되고 역할에 따라 희비가 교차한다. 면접을 치러야 할 면접자보다는 평가자의 위치에 선 면접관이 조금은 낫다고 생각하기 때문일 것이다. 면접관들은 환한 표정으로 자신들의 자리에 앉는다. 학생 면접관들과 함께 면접을 이끌어 갈 또 한 명의 면접관, 국어교사가 마지막으로 자리에 착석을 마치자 가슴에 응시표를 단 면접자들이 초조한 표정으로 면접장으로 들어선다.

오늘 우리 교실은 ○○대학교 ○○학과 2013학년도 수시 면접장이다. 모의 면접 교실이 된 것이다. 가상의 면접 상황을 설정하고 면접 체험 해보기. 한 반 학생 모두 면접자가 되거나 면접관이 되어 모의 면접 교실에 참여한다. 면접자들의 입장이 끝난 후 면접관의 질문이 시작된다. "자, 그럼 1번부터 한 사람씩 자기소개를 1분간 해주세요." "안녕하십니까? 저는 수험번호 1번 ○○○입니다." 첫 학생의 떨리는 목소리에 어수선했던 교실이 찬물을 끼얹은 듯 조용해진다. 모두의 시선과 귀가 면접장으로 향한다.

학교에서 학생들과 만나며 가장 안타까웠던 것들 중 하나는 학생들이 자신을 돌아보며 성찰하는 시간에 너무도 인색하다는 점이다. 많은 학생들이 생각하지 않은 채 그저 수동적인 입장에서 하루하루를 보내고 있었다. 생각하지 않기에 질문이 없고 생각을 표현해 내야 할 자리에서는 침묵하거나 앵무새가 되곤 했다. 또한 자기를 돌아볼 시간과 기회가 없기에 자신이 가진 자원이나 강점이 무엇인지, 또한 나를 성장시킨 동력은 무엇인지에 대한 깊이 있는 성찰과 이해가 동반되고 있지 않았다. '진정한 나에 대해 생각해 볼 시간과 기회가 절대적으로 부족한 것이다. 때문에 학교로 들어간 독서지도사는 책과 관련된 다양한 활동을 통해 학생들이 진정한 나를 만나고 찾아 나설 수 있는 여러 가지 자극이 담긴 독서수업을 준비했다. 나를 찾아 떠나는 독서여행이 가능하도록 말이다. 이 수업 역시 이러한 마음이 담겨있다.

그렇다면 학생들이 필요로 하면서도 자아성찰과 자기이해의 시간을 가질 수 있는 수업이 〈모의면접교실〉 수업과 무슨 상관이 있을까? 또한 독서시간에 면접이라는 어색하다면 어색할 수 있는 조합에 의구심을 가질 수도 있을 것이다. 그러나 학생들과 함께 했던 이 수업에 두 가지를 모두 담아낼 수 있도록 수업구성을 해보았다.

면접은 대면한 상태에서 상대의 인품이나 언행 따위를 평가하는 방식으로 평가를 받는 면접자들은 자신의 강점을 내세워 평가자에게 자신을 홍보해야 한다. 그래서 일반적으로 홍보(PR)를 자기 알리기 정도로 생각하기 쉽다. 하지만 진정한 PR(public relations)은 관계맺음이 아닐까. 회사의 일원으로 학교의 학생으로 나와 상대의 관계가 맞닿는 것이다. 그러나 누군가와의 관계가 성립되기 이전 가장 먼저 자기이해가 전제되어야 한다. 나는 어떤 사람인지 그리고 왜 이 회사나 학교에 적합한 인물인지 이를 위해서 나는 어떤 노력을 해왔고 앞으로 이곳에서 어떤 모습으로 성장하고 싶은지, 비전과 포부는 무엇인지 등 나를 알고 내 생각을 갖고 자신의 말로 나를 홍보할 수 있는 모습으로 상대 앞에 당당히 섰을 때 그와 관계맺음을 이룰 수 있을 것이다.

그러나 이는 단시간에 이루어지는 것이 아니다. 면접의 태도와 답변 방식과 같은 기술적인 부분은 단시간의 노력으로 습득될 수 있으나 자신의 성찰을 기반으로 한 생각을 표현하는 과정은 보다 긴 시간을 필요로 한다. 그래서 모의 면접체험 경험을 통해 나는 뭘 원하고 자신에게 무엇이 부족한지 스스로 자신의 현재 모습을 직면할 수 있도록 기회와 시간을 만들어 주고 싶었다. 또한 여기에서 그치는 것이 아니라 자신의 내면을 성장시키기 위해 앞으로 짧게는 3년 길게는 평생 동안 어떤 노력을 해야 하는지 느낄 수 있도록 1학년 학생들과 이 수업을 함께 해보기로 하였다. 키와 몸무게로 보이는 외적인 성장 말고 진정한 자신의 내면을 키워할 준비가 필요한 시기이기에. 이것이 독서 시간에 면접 체험이라는 다소 낯선 조합의 〈모의면접교실〉 수업을 준비한 이유이다. 인문계 고등학생들의 현실적 요구와 진정한 나를 찾아 떠날 수 있는 준비의 시간을 미리 가졌으면 하는 마음에서다.

수업은 크게 두 부분으로 나눠 준비했다. 면접자의 자세와 태도 등 면접 외적인 측면은 교사의 지루한 설명보다는 면접 상황을 그대로 보여줘 자연스럽게 면접이 무엇인지 알아갈 수 있도록 영상을 활용하였다. 활용한 영상은 늘 무모한 도전을 하는 무한도전 멤버들이 MBC 경력직 PD에 응시한다는 내용의 MBC 무한도전 76회 「면접」편 (2007. 10. 20.)이다. 영상은 30분 남짓으로 다소 긴 시간이기는 하지만 6명의 멤버들이 면접을 치르는 과정 속에서 면접자와 면접관의 모습과 상황들이 생생히 반영되어 이를 활용해 보기로 하였다.

또한 각 대학들의 입시경향이나 출제경향을 파악해 면접의 전체적인 흐름을 익힌 학생들에게 실질적 도움이 될 수 있도록 하였다. 지피(知彼)지기(知己)면 백전백승이라는 말처럼 적을 아는 지피가 선행될 수 있도록 하였다. 평소학생들이 가고 싶다고 이야기했던 몇 몇 대학교의 입시 유형 및 선호 학과별예상 면접 질문들 뿐 아니라 면접의 유형에 따른 준비방법 등을 활동지에 담았다.

지피(知彼)에 대한 준비가 끝났다면 이제는 학생들이 지기(知己)를 찾아갈수 있도록 준비해야 한다. 〈모의면접교실〉 수업에서 가장 중점을 두고 있는지점이기도 하다. 자기를 알아가기 위해서 학생들을 건드릴 수 있는 좋은 질문이 필요하다. 그래서 생각한 것이 자기 강점 100가지 쓰기이다. 자기 강점100가지를 쓰기 위해서는 자기 자신에 대해 생각하고 또 생각해야 한다. 머리가 아프도록 자기에 대해 생각하고 이를 문장으로 만든 후에야 비로소 면접예상 질문을 만들도록 하였다. 면접 예상 질문은 네 가지 항목(자기소개, 전공·적성, 학교생활 및 활동, 지식·상식)을 제시하여 각 항목 당 10개의 질문을 작성할 수 있도록 하였다. 이때 중요한 것은 면접 문항은 만들 때 책을 활용하는 것이다. 문항을 만들기 위해 입시 관련 책을 보거나 진로 관련 분야의 책을 읽어 볼 수 있도록 한 것이다. 자기 강점을 적고 면접 문항을 만들다 보면 나에 대해 조금씩 알아가며 난 어떤 자원을 가지고 무슨 가치관을 가지고 살아가며 뭐가 부족하지만 이를 채워가기 위해 앞으로 무슨 노력을 해야 할 지 등을 알 수 있지 않을까.

이제 〈모의면접교실〉 수업을 위한 준비를 마쳤다. 면접의 방법적 측면은 영상을 통해 내용적 측면은 자기 강점 쓰기를 통한 성찰의 시간 갖기와 도서관에서 책을 활용하여 면접문항 만들기로 큰 틀을 잡고 수업에 들어갔다.

| 수 업 들 어 가 기 |

교실에 들어가 수업 의도를 설명하고 나니 학생들의 눈이 초롱초롱해졌다. 아직 1학년이기는 하나 2년 뒤면 치러야 할 대학 입시에 대한 정보가 반가웠으리라. 또한 오늘은 책을 안 읽어도 되니 더욱 기뻤을 것이다. 무한도전을 보며 면접 알기 시간에 들어갔다. 영상 속 6명의 멤버는 MBC 경력 PD에 지원해 면접을 치르고 있다. 처음 박명수의 면접이 끝났다. 재미있게 보던 영상을 끊고 질문을 던졌다. "박명수가 면접을 무사히 마치고 나왔네요. 그럼 면접에서 박명수 면접자가 잘 한 점과 아쉬운 점은 뭐가 있을까요?" 생각보다 뜨거운 학생들의 답변이 돌아왔다. 이렇게 문답을 통해 면접의 기본적 상황을 익히고 면접자의 자세나 태도, 답변 방식을 분석해보았다. 또한 영상을 다 보고 난 후 면접관들이 했던 질문들을 칠판에 모두 적어 면접 질문의 유형을 익혔다. 이렇게 영상을 활용하여 면접을 배우니 강의식 수업보다 학생들의 집중도가 훨씬 더 높고 학생들과 대화를 통한 수업 전개가 가능했다.

지난 시간 재밌게 봤던 영상 덕분인지 두 번째 수업에 들어서자마자 "오늘은 뭐해요? 오늘도 무한도전 봐요?"라는 질문이 교실마다 곧잘 들렸다. 이럴 때면 학생들이 수업에 관심이 생긴 것 같아 목소리에 더욱 힘이 들어갔다. "여러분은 어느 대학에 가고 싶어요?" 독서지도사의 질문에 "성균관대요. 경희대요. 인하대요. 서울에 있는 대학이요." 다양한 답변이 들렸다. 이렇듯 학생들의 입에서 나온 대학들 중 3~4개 대학의 입시 경향을 살펴보고 학과별 면접 예상 질문도 살펴보며 면접에 대해 알아가는 시간을 가졌다. 이를 위해서는 미리 학생들의 얘기할 법한 대학에 대한 조사가 선행되어야 한다.

학교 및 학과별 입시 분석 및 면접 질문을 알아보고 나자 생각보다 많은 학생들의 질문이 쏟아졌다.

"선생님, 간호학과에 가려면 어떤 동아리를 들어야 해요?" "시사 상식 준비는 어떻게 해요?" "그럼 봉사활동이나 동아리는 제가 가고 싶은 학과와 관련성이 있는 것들로 해야겠네요?" "저희 영어스터디를 만들어야겠어요."

자신의 진로에 맞는 앞으로의 계획들을 세우느라 많은 질문이 쏟아졌다. 이 수업을 준비하며 가장 기뻤던 순간이다. '아, 이제 녀석들이 조금 더 자신의 진로에 대해 고민하고 준비하려는 마음이 생기기 시작한 것일까?'

그러나 교실에는 이처럼 목소리 큰 학생들만 있는 것은 아니다. 오히려 많은 학생들은 묵묵히 참여하거나 혼자 외딴 섬이 되곤 한다. 묵묵히 수업에 참여하고 있는 학생들에게는 발언 기회를 주어 입을 열 수 있도록 하였으며 수업에서 소외되었거나 참여하지 않는 학생들은 잘 살펴보았다가 개별적으로 다가가 대화를 나누며 그들의 소리를 듣고자 노력하였다. 그래서 될 수 있는 한 모든 학생이 미래를 꿈꾸고 준비할 수 있도록 하였다. 1차시 영상을 보며 면접이 무엇인지 알아갔고, 2차시 미흡하지만 면접의 유형 및 입시 경향을 살펴보며 자신이 앞으로 3년 동안 무엇을 준비해야 하는지 느끼는 시간을 가졌다. 이제 3차시 수업을 위해서 학생들과 도서관으로 향했다. 3차시 수업 전 독서지도사는 입시에 관련된 책들과 진로관련 도서를 학과별로 선별하여 미리 도서관 한 쪽에 따로 준비해 두었다. 면접 질문 만들기에 활용하기 위해서이다. 스스로 생각하고 고민하여 자신을 위한 질문을 만들어 보고 이를 채워갈 수 있는 시간을 갖는 것이다.(활동지 별첨) 질문은 각자 4개(자기소개 관련 질문, 전공·적성 관련 질문, 학교생활 및 활동에 관한 질문, 지식·상식에 관한 질문)의 항목별로 10개씩 총 40문항을 만들어 보도록 하였다. 문항 작성 시 학생들은 자기소개나 지식이나 상식에 관한 문항은 휴대폰 검색을 통해 잘 만들었으나 많은 학생들이 전공·적성 질문 만들기에 난색을 표했다. 자신이 가고 싶은 학과를 정한 학생들마저 이 항목 앞에서는 서너 개의 질문만을 작성하고는 그만 멈추고 말았다. 그만큼 학생들의 전공에 관한 지식과 정보가 부족함을 알 수 있었다.

그래서 이때 필요한 것이 책이다. 주로 학생들에게 추천한 책은 부키에서 나온 ○○○이 말하는 ○○○, 전문직 리포트 시리즈나 동천에서 나온 나의 직업 ○○○ 시리즈였다. 부키의 전문직 리포트는 각 분야의 전문가들의 생생한 현장 경험을 담은 수기의 형태의 책으로 학생들이 다가오기 쉽고 읽기 또한 편하다. 그리고 무엇보다 그 속에는 현장 경험이 고스란히 담겨있어 직업적 지식이나 그 직업에 대해 알아 갈 수 있는 직업입문 도서로 적합하였다. 또 동천출판사에서 나온 나의 직업 시리즈는 직업에 관한 전반적인 객관적 정보를 잘 유목화하여 직업 관련 정보 위주로 제공해 주는 책이다. 두 책 모두 청소년들의 선호도가 높은 직업을 선정하여 다양한 직업에 대해 안내해 주고 있다. 학생들은 이 같은 책들을 참고해가며 자신의 진로와 관련된 책들을 읽으며 질문지를 만들어갔다.

그러나 모두가 면접 질문을 만든 것은 아니다. 반별로 차이가 있기는 하나 많은 반은 절반이 넘는 학생들이 아직 진로를 정하고 있지 못했다. 아직 자신의 길을 정하지 못한 학생들을 위해서는 학생이 쓴 100가지 강점들을 함께 살펴보며 관심이나 흥미가 있는 분야의 관련 도서부터 먼저 읽을 수 있도록 안내하였다.(활동지 별첨) 가령 '사진을 찍기를 좋아 한다.' 라고 쓴 학생에게는 여행 작가의 책을 추천해 주었다. 평소 그 학생이 점심시간이면 도서관에 자주 와 책 읽기를 즐겨한다는 것을 알았던 바, 사진 작가의 책보다는 여행 작가 이병률의 에세이나 오소희의 여행 에세이 등을 추천해 주었다.

한 시간 동안 질문을 만드느라 책을 찾아보고 친구들과 이야기 나누고 휴대폰으로 정보를 검색하는 모습을 보며 이 수업이 학생들에게 '나'에 대해 '나의 꿈'에 대해 생각해 볼 수 있는 시간과 기회가 된 것 같아 스스로에게 흐뭇했던 기억이 난다. 수업 말미쯤 되자 질문을 다 만든 학생들이 나왔고 이 학생들은 먼저 작성한 문항에 답을 적도록 하였다. 그러나 대부분의 학생들이 40개의 질문을 만들고 나니 수업은 끝이 났다. 학생들이 작성한 질문지는 수업이 끝난 후 모두 제출하도록 하여 독서지도사가 한 주 동안 살펴보았다. 그리고 무엇보다 수업을 준비한 독서지도사에게 또 다른 흐뭇함을 준 것은 학생들이 수업시간에 질문지를 만들기 위해 읽었던 책을 도서관에서 대출해 간

것이다. 1학년 열 개의 반 모두에서 대출 권수의 차이는 있지만 독서수업시간에 보았던 책을 빌려간 것이다. 학생들이 수업을 통해 자신을 돌아보며 진로에 대해 고민하고 책을 찾아 읽는 모습에 수업을 계획, 구현한 독서지도사로서 학생들의 이러한 모습은 더할 나위 없는 행복이었다.

학생들이 제출한 면접 질문지의 질문 중 다른 학생들에게 소개하고 싶을 만큼 창의적이거나 기발한 질문들은 칠판에 모두 적어 함께 보며 멋진 질문을 만든 서로에 대해 감탄하고 칭찬하며 4차시 수업을 시작했다. 이번 시간은 내가 만든 면접 질문지에 답하기. 질문지에 답하기 전 질문을 수정하기를 원하는 학생들은 수정할 수 있도록 하였으며 답변 작성에 들어간 학생들은 열중하여 진지하게 자신의 질문에 답해나갔다. 그리고 지난 시간까지 질문을 다 만들지 못한 학생들에게는 질문의 개수를 줄여주거나 작성한 질문까지만 답할 수 있게 하여 한 반 서른 명 학생 모두가 자신을 돌아보며 생각할 수 있는 시간을 갖도록 하였다. 작성한 답변 역시 수업 후 걷어 피드백 후 학생들에게 돌려주었다. 수업 말미에는 다음 차시에 열린 〈모의면접교실〉에 대한 안내를 자세히 하였다.

드디어 모의면접교실이 열리는 5차시. 오늘 우리 교실은 대학교 수시 전형 면접장이 된다. 실제와 같은 면접이 이루어지기 위해서는 선행되어야 할 규칙 및 유의사항이 많아 이를 표로 정리하여 전지로 출력하여 도서관 벽면에 부착해 두었다.

\<모의면접교실\> 수업 순서 및 유의 사항

1	역할 나누기		7명씩 번호순으로 나와 제비뽑기를 통해 3명의 면접관, 4명의 면접자 선발
2	역할	면접관	㉠ 칠판을 바라보는 방향 기준으로 왼쪽부터 차례대로 자기소개/전공·적성/학교생활·활동/지식·상식 항목에 관한 질문을 한 가지씩 한다. (단, 전공·적성에 관한 질문은 선생님이 전담한다.) ㉡ 질문은 자기가 작성한 질문지 중에서 자율 선택하여 질문한다. ㉢ 질문방식은 면접자 모두에게 공통 질문을 하거나 개별질문이 모두 가능하다. (단, 자신이 맡은 항목 중에서 할 수 있다.) ㉣ 재질문이 필요할 경우 개별적으로 면접자에게 다시 질문 할 수 있다. ㉤ 질문은 큰소리로 또박또박 천천히 면접자의 눈을 보며 한다. ㉥ 면접 평가표를 성실히 작성하여 면접이 끝난 후에 강평에 활용 할 수 있도록 한다.
		면접자	㉠ 면접자들은 면접관의 질문에 번호가 빠른 학생부터 대답을 하며 대답 시간에 유의한다. ㉡ 공통질문이 끝난 후 개별 질문에 천천히 큰소리로 또박또박 답한다. ㉢ 면접자의 태도에 유의하며 당당히 면접에 응한다.
		방청객	㉠ 자신의 면접 순서 전 까지 다른 학생들의 면접에 방해 되지 않도록 한다. ㉡ 방청객 자리에서 다른 학생들의 면접을 경청하며 함께 평가표를 작성하며 면접에 참여한다. (활동지 첨부) ㉢ 방청객 평가시간에 자유롭게 의견을 말한다.
3	기타		㉠ 궁금한 점이 있으면 먼저 손을 들고 질문한다.

지난 시간에 이미 숙지시킨 규칙을 다시 상기시킨 후 면접 체험에 들어갔다. 모의 면접 전 제비를 뽑아 30명의 학생 모두 자신의 역할을 미리 정했다.

사회자는 없지만 전반적인 면접장의 조율은 교과 교사가 면접장 밖의 상황은 독서지도사가 담당하였다. 〈모의면접교실〉 수업은 도서관에서 진행하였으며 좌석을 면접장과 유사하게 배치하고 방청객의 자리도 마련하여 학생들이 면접을 지켜볼 수 있도록 하였다.

모의면접이 시작되자 긴장된 분위기 속에서 떨기도 하고 웃음 짓기도 하며 체험을 함께 나눴다. 특히 면접관과 면접자 간의 오고 가는 질문이 처음 반과 마지막 반에서 큰 차이를 보였다. 수업 초반 국어교사나 독서지도사는 면접상황이라는 생각에 최소한의 개입만을 했으나 처음 해보는 수업에 학생들이 경직되어 정해진 틀에 맞춰 각자 한 가지 질문만 하고 끝나는 상황이 반복되어 다소 딱딱한 면접장이 되었다. 그래서 학생 면접관들에게 질문의 개수에 연연하지 않고 면접관으로서 참된 평가를 위해 정말 궁금한 점을 물을 수 있도록 질문의 개수에 여유를 주었더니 유연한 면접장 분위기가 만들어졌다.

5~6차시에 걸쳐 〈모의면접〉을 모두 마친 후 면접에 대한 강평은 면접이 끝난 수업 말미에 진행하였다. 면접관으로 참여했던 학생들은 자신이 채점한 결과표를 바탕으로 면접자들에게 평가 및 조언을 해주었다. 유창한 면접관처럼 매끄러운 말은 아니지만 어색하고 어눌한 서로에 대한 평가 속에 때로는 촌철살인이 담겨있기도 하였으며, 오히려 친구들이 해 준 평가를 더 귀담아 듣는 학생도 많았다. 그러나 면접의 방청객으로 참여하는 학생들의 경우 자신의 순서를 기다리며 마음 졸여 다른 학생들의 면접을 보고 있지 않거나 처음에는 열심히 듣다가 뒤로 갈수록 딴 짓을 하는 학생들이 많아 이 점은 보완이 필요한 부분이라 생각된다. 모두의 강평을 끝으로 수업을 마무

리 하였다.

"선생님, 저 방송반 붙었어요. 그런데 수업시간에 면접 체험한 게 엄청 도움이 됐어요. 감사합니다." 생전 처음 면접을 해봐 너무 떨린다고 유독 엄살을 부려 기억에 남았던 한 여학생이 면접 수업을 마치고 얼마 후 복도에서 만나 내게 해준 말이다. 〈모의면접교실〉에서 면접체험을 한 후 한 번 면접을 경험했기에 교내 방송반 면접에 붙었다는 학생의 말에서 학교 안에서 독서수업이 앞으로 나아가야 할 방향이 보였다. 바로 실생활과 연결된 생활밀착형 독서!

| 수 업 마 무 리 하 기 |

〈모의면접교실〉 수업은 학생들의 또 다른 면을 볼 수 있는 시간이었다. 평소에 목청을 높였던 친구가 누구보다 덜덜 떨며 답을 한다거나 오히려 조용했던 친구가 차분하게 조근 조근 자신의 생각을 논리적으로 밝혀 우리 모두를 놀라게 한다거나 학생들의 또 다른 모습을 발견할 수 있는 시간이었다. 각자의 다른 면과 결, 그리고 색을 가진 학생들의 또 다른 숨겨진 모습을 만날 수 있는 시간이었다. 또한 면접 질문을 만들며 자신에 대해 돌아보고 진로 관련 책을 찾아 볼 수 있는 기회가 된 것 같아 수업을 구성한 사람으로서 흐뭇해했던 기억이 떠오른다. 실제로 이 수업을 마친 후 학교에서 진로 관련 도서 읽기 바람이 불어 다른 학년에서 롤모델 도서를 수업시간에 읽는 반들이 생겼으며 수업 이듬해에는 〈롤모델 보고서 쓰기〉라는 교내대회도 생겨나게 되었다.

독서수업에서 면접 준비라는 다소 무모할 수 있는 도전을 통해 학생들이 다양한 상황 속에서 자신을 접해보고 만날 수 있도록 하였다. 또한 책을 나침반 삼아 진로의 방향을 잡아갈 수 있는 시간과 기회를 제공한 점이 이 수업을 마친 지금까지 남아있는 이 수업의 의미이다.

| 수 업 정 리 |

면접 알기
- 영상 활용 : MBC 무한도전 76회 「면접」편

면접 유형 익히기
- 대학교 입시 정보 및 면접유형 익히기(활동지 별첨)

면접 질문지 만들고 답하기
- 진로나 입시 관련 도서 활용

모의면접교실 체험

모의면접실

 면접관이 가장 많이 묻는 질문에 답하기

자기소개 관련 질문
· 1분간 자기소개를 해보세요.
· 본인이 가장 잘하는 것은 무엇인가요?
· 자신 성격의 장·단점은 무엇인가요?
· 자신의 좌우명이 말해보세요.
· 10년 후 자기 자신의 모습에 관해 이야기한다면?

직무·적성에 관한 질문
이 직무에 지원한 이유는 무엇인가요?
· 우리 학과(회사)에 지원하기 위해 무엇을 준비했습니까?
· 우리 학교(회사)가 당신을 뽑아야 하는 이유는 무엇인가?
· 우리 학교(회사)에 대해 아는 것을 말해보세요.
· 우리 학교(회사)의 분위기는 어떤 것 같습니까?

경험에 관한 질문
· 인생을 살면서 크게 좌절했던 경험이 있습니까?
· 가장 기억에 남는 경험과 그 이유는 무엇인가요?
· 리더로서 어떠한 프로젝트를 수행한 적 있나요?
· 창의력을 발휘했던 경험이 있나요?

학교생활 또는 대외활동
· 학창시절 해보았던 아르바이트는 있는가?
· 당신은 어떤 학생이었는가? 또는 다른 사람이 보는 당신은 어떤 사람인가요?
· 학창 생활 중에 학업 이외에 무언가 이루거나 몰두했던 일이 있나요?
· 학교 생활 중 동아리 활동을 한 적이 있나요?
· 학교 생활 중 가장 후회가 되는 일은 무엇인가요?

지식·상식 정도를 파악하기 위한 질문
· 최근에 가장 인상 깊게 보았던 뉴스나 화젯거리는 무엇입니까?
· 사회인과 학생의 차이는 무엇이라고 생각하십니까?

나의 100가지 강점 쓰기 (문장으로 완성할 것)

1. 나는 노래 부르기를 좋아한다.
2. 나는 친구의 고민을 잘 들어준다.

✐ 지금까지 면접에 대해 알아보았어요. 이제는 우리가 면접관과 면접자가 되어 모의면접을 해보도록 하겠어요. 각자 면접 상황을 설정하고 각 항목별에 맞는 질문과 대답을 작성해보세요. (각 항목별로 10개)

	질문	대답
자기소개 관련질문		
전공/적성에 관한 질문		
학교생활/ 대외활동에 관한 질문		
지식/상식에 관한 질문		

<모의면접교실> 학생 평가표

No	성명	기본 소양(10)	전공 적성(10)	태도(10)	합계 (30)
1	구○○				
2	권○○				
3	김○○				
4	김○○				
5	김○○				
6	김○○				
7	김○○				
8	민○○				
9	백○○				
10	성○○				
11	오○○				
12	유○○				
13	윤○○				
14	이○○				
15	이○○				
16	이○○				
17	이○○				
18	이○○				
19	이○○				
20	이○○				
21	이○○				
22	이○○				
23	이○○				
24	임○○				
25	임○○				
26	전○○				
27	정○○				
28	채○○				
29	하○○				
30	한○○				
31	허○○				

면접 평가자 이름 :   (사인)

면접 당일 필히 지참해 주시기
바랍니다.

응시표

수험번호	
이 름	

면접 당일 필히 지참해 주시기
바랍니다.

응시표

수험번호	
이 름	

7.
나만의 책 만들기

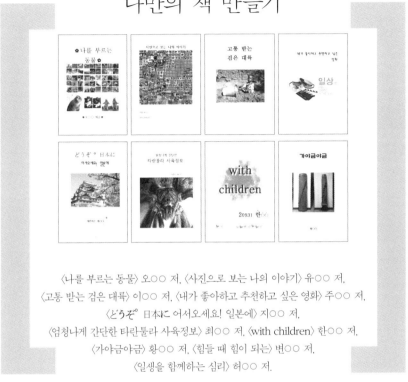

〈나를 부르는 동물〉 오○○ 저, 〈사진으로 보는 나의 이야기〉 유○○ 저,
〈고통 받는 검은 대륙〉 이○○ 저, 〈내가 좋아하고 추천하고 싶은 영화〉 주○○ 저,
〈どうぞ 日本に 어서오세요! 일본에〉 지○○ 저,
〈엄청나게 간단한 타란툴라 사육정보〉 최○○ 저, 〈with children〉 한○○ 저,
〈가야금야금〉 황○○ 저, 〈힘들 때 힘이 되는〉 변○○ 저,
〈일생을 함께하는 심리〉 허○○ 저.

| 수 업 엿 보 기 |

한 장 한 장 손으로 그린 스케치 40여 장을 모두 스캔하여 그 위에 다시
글을 덧입혀 정성으로 만든 변○○ 저자의 『힘들 때 힘이 되는』부터 중학교
시절부터 심리학에 관심은 많았지만 커져가는 두려움에 그 호기심마저 점점

작아져 갔던 학생이 책으로 꿈을 향한 길잡이를 삼아 진로를 찾아가고 있는 여정을 풀어낸 허○○ 저자의 『일생을 함께하는 심리』까지.

　책 읽는 것을 누구보다 싫어하던 학생들이 서서히 책이라는 것을 읽게 되었다. 책이라는 것을 그저 읽을 줄만 알았던 학생들이 하나 둘 책을 쓰게 되었다. 한 반 한두 명의 학생에서 시작된 책 만들기는 어느 덧 열 명의 학생이 동참하기에 이르렀고 이 물결은 옆 반으로 스물 스물 스며들어 어느덧 학교에는 스무 명의 학생 저자가 탄생했다.

| 수 업 준 비 하 기 |

　책 만들기 연수를 듣고 난 후 '학생들과 함께 한 번 해보고 싶다' 라는 마음이 강하게 생겼다. 늘 책을 읽기만 했던 학생들에게 직접 자신이 저자가 되어 책을 써보는 경험은 성취감과 자신감을 넘어 그 이상의 행복을 줄 수 있을 것 같았다. 또한 그 어떤 교육적 경험보다 학생들을 성장시킬 수 있을 거라는 믿음이 있었다. 이에 평소 수업시간에 의욕적으로 참여중인 한 반과 〈나만의 책 만들기 수업〉의 생각 공유에 나섰다. 보통 수업 준비에 있어 교사는 여러 가지 제반 사항을 고려하여 수업 준비에 들어간다. 하지만 책 쓰기 수업의 주체는 교사가 아닌 자신의 책을 써야 할 학생들이기에 그들과의 소통에 많은 시간을 투자하기로 하였다.

　"얘들아, 선생님이 겨울 방학 때 연수를 다녀왔어요. 그런데 너희랑 같은 2학년 학생들이 자신이 쓴 책을 한 권씩 가지고 나와서는 여러 선생님들 앞에서 자기가 쓴 책이라고 소개를 하는데… 와, 진짜 멋있고 부러워 보이더라. 우리도 한 번 해 볼까요?"

학생들의 반응은 말을 하지 않았을 뿐이지 "저희가 왜요?" 라고 눈빛에서 이미 답을 하고 있었다. 어쩌면 너무나 당연한 반응인지 모른다. 당장 매 번 치러야 하는 수행평가와 지필평가, 수능 준비, 그리고 학교 스케줄 외의 다양한 학교 밖 일과들. 하루하루 해야 할 일들이 산더미인 학생들에게 책을 써보자고 했으니, 그나마 독서를 할 수 있는 이 시간마저 사치고 불필요하다고 여기는 학생도 있을 수 있는데… 이런 반응을 예상하지 못했던 것은 아니다. 그렇다면 학생들의 귀가 솔깃하게 할 만한 무언가가 필요했다.

"애들아, 알아. 너희가 얼마나 바쁜지. 그리고 책을 써보자는 선생님의 말이 얼마나 너희에게 멀게 만 느껴지는 말인지도. 그래도 한 번 생각해보자 우리. 너희는 지금까지 18년 동안 누군가가 쓴 책들을 읽기만 했어. 늘 일방적으로 전달되는 지식을 수용하는 입장이었던 거지. 하지만 내가 엄선한 단어와 문장들로 내 머릿속 생각을 글로 표현해본다면… 누군가가 글로 쓴 이야기와 생각만 읽고 들을 것이 아니라, 내가 내 이야기를 하며 쏟아 내본다면… 지식의 수용자에서 생산자가 되어 보는 거지. 선생님이랑 책 만들기 한 번 해보지 않을래? 그리고 또 아니? 내가 만든 이 책이 나를 소개할 수 있는 또 다른 자기소개서가 되어 대학 입시의 좋은 자료가 될 수 있을지도. 면접장에서 '저는 ○○책을 쓴 아무개입니다.' 라고 자신을 소개할 수 있을지…"

몇 몇 학생들의 눈빛이 흔들렸다. 연이은 학생들의 질문들. 하지만 〈나만의 책 만들기〉 수업에서 교사는 어디까지나 조력자이며 학생 본인이 하고자 하는 의지가 무엇보다 중요하다. 그래서 강요가 아닌 자발적으로 책을 써 보겠다고 하는 학생들과 함께 먼저 책 쓰기 수업에 들어가기로 방향을 잡고 준비에 임했다.

수업의 큰 흐름이나 방향은 책따세(책으로 따뜻한 세상을 만드는 교사들)와 함께하는 교사연수 〈책따세와 함께하는 행복한 책 쓰기〉 자료를 바탕으로 학교 상황에 맞게 변형하여 적용하였다. 본 수업은 학교의 특색활동 시간인 독서시간을 통해 이루어졌다. 학교에서 이루어지는 특색활동 시간은 학교가 중점을 두고 학생들에게 교과 외 다양한 체험 및 경험을 할 수 있도록 지정된 시간이나, 본래의 취지나 의도와는 달리 변형되어 운영되는 경우가 많다. 그래서 간혹 이 시간은 놀거나 쉬어도 되는 시간으로 인식되기도 한다. 그동안 필자가 근무했던 학교에서는 독서지도사와 함께 책과 친해지고 독서습관을 기를 수 있는 자율 독서시간과 꿈과 진로를 탐색하는 진로 독서시간을 꾸준히 가져왔다. 그래서 학생들은 1학년부터 꾸준히 매주 싫으나 좋으나 한 시간씩 책을 읽어왔기 때문에 이제는 책을 읽기만 했던 학생들에게 책을 써보는 경험을 할 수 있도록 해주고 싶었다. 또한 책을 쓰기 위해서는 다시 책을 읽어야 하기에 이 역시 또 다른 독서 교육이 아닌가. 교사의 일방적 주입식 교육이 아닌 학생이 주체가 되어 책 쓰기 활동을 통해 지식 이해, 적용, 종합, 평가라는 사고의 인지과정을 경험해 본다면 이것이 학교의 특색활동이 되는 것은 아닐까?

나만의 책 만들기 수업 일정

일정		내용	비고
9월 주제 정하기	1주	·나만의 책 쓰기 안내	·주제 선정 시 교사의 세심한 조언과 지도가 필요함
	2주	·희망 주제 찾기 - 흥미성, 유용성, 가능성이 고려된 주제로 선정하기	
	3주	·주제 찾기	
	4주	·주제 선정표 작성하기	
10월 계획서 쓰기	1주	·주제 확정하기 ·책 만들기 계획서 작성하기	·주제 선정을 어려워하는 학생들이 많을 수 있음. ·교사 학생들이 자신과 많은 내면 대화가 이루어질 수 있도록 유도함.
	2주	·책 만들기 계획서 작성하기	
	3주	중간고사	
	4주	중간고사	
11월 자료 조사 & 내용 구성하기	1주	·자료 조사 - 관련 도서 찾아보기, 인터넷 조사 등	·자료조사보다는 집필 시 많은 시간이 소요될 수 있으니 적절한 시간 안배가 될 수 있도록 지도함.
	2주	·자료 수집 및 내용 구성하기	
	3주	·자료 수집 및 내용 구성하기	
	4주	·집필하기	
12월 집필 하기	1주	기말고사	·실제 학기 내에 책을 완성하는 학생은 많지 않음. ·대부분 방학 중에 책 집필을 끝내 2월에 책이 완성됨.
	2주	기말고사	
	3주	·집필하기	
	4주	·퇴고하기	

수업은 크게 4부분으로 나뉘어 진행했다. 주제 선정하기, 추진 계획서 쓰기, 자료 선정 및 내용 구성하기, 집필하기. 이 중 가장 많은 시간을 필요로 하는 단계는 주제 정하기와 추진 계획서 쓰기이다. 처음 학생들은 무엇을 쓸지 많이 난감해 하였다. 그러나 책 쓰기 수업을 마친 지금은 학생이나 독서지도사 모두에게 이 시간이 가장 기억에 남는다. 왜 그럴까? 학생들은 끝임 없이 자신에게 질문하고 대화 나눴기 때문이다. 또한 교사와도 수많은 이야기를 나누며 자신을 알아가고 서로를 알아갔기 때문이다. 학생들은 주제를 정하기 위해 자신에게 질문한다. "난 뭘 할 때 가장 신나지?", "내가 정말 좋아하는 건 뭘까?", "난 무슨 일을 하고 싶지?", "어떤 책을 쓰면 내 진로에 도움이 될까?" 등등 책을 쓰기 위해 자신과 소통하며 오롯이 자신을 돌아보며 자신의 내면과 직면하게 된다. 어쩌면 이것이 밑줄을 그으며 선생님의 설명을 받아 적고 무조건 외우는 주입식 교육에서 벗어나 학생이 주체가 되어 스스로에게 질문하고 답하며 길을 찾아 가는 능동적이고 주체적인 교육이 아닐까? 교사 역시 학생들과 수없이 많이 오고 갔던 질문과 대답에서 학생들의 또 다른 진짜 모습들과 마주하게 된다. 항상 교실 뒷자리에 앉아 거울만 보고 수업에는 도통 관심이 없었던 학생이 사실은 예고 진학이 좌절된 후 아직도 학교에 마음을 두지 못하고 방황하고 있었다는 것, 평소 조용히 말 한마디 없던 학생이지만 집에서 타란툴라와 뱀을 기르며 행복해 한다든 점. 이 시간이 아니었다면 교사에게 이 학생들은 그저 조용하거나 학교에 적응하지 못한 학생으로 기억됐을 지도 모르겠다. 하지만 책을 쓰며 우리는 대화를 나눴고 서로를 알아갈 수 있었다. 예고 진학을 위해 자신과 한 몸이었던 12현 가야금을 뜯었던 한 여학생으로, 타란툴라나 뱀 이야기가 나오면 누구보다 해박한 지식을 가진 전문가가 되고 심지어 직접 기르고 있는 녀석들을 가져와 내게 보여줄 만큼 적극적인 학생으로⋯ 모두 이 시간이 아니었다면 불가능했을 일들이다. 때문에 주제를 정하고 추진 계획서를 쓸 때는 너무 일정에 얽매이지 말고 학생들과의 대화하며 소통할 수 있는 이 시간을 충분히 즐기시길 바란다.

가. 주제 탐색 및 주제 선정하기

주제 탐색을 위한 시간이 끝났다면 다음은 탐색된 여러 가지의 주제 중 한 가지 주제를 고르는 주제 선정하기이다. 처음 주제 탐색 시 자신이 책으로 쓰고 싶거나 관심 있는 주제 3가지를 골라 간단한 이유와 함께 적도록 하였다. 3가지를 고르는 1차 과정이 끝났다면 좀 더 객관적 점검을 통해 최종 주제 정하기에 돌입한다. 이때 활용한 것이 주제 선정을 위한 평가이다. 내가 고른 주제가 흥미로운 것인지, 쓸모는 있는지 그리고 현실적으로 자신이 쓸 수 있는 주제인지. 자신이 정한 3가지 주제에 대해 친구 2명과 교사 1명 총 3사람에게 흥미성·실용성·현실성 세 가지 항목의 평가를 받아야 한다. 이 점수를 종합하여 최종 주제 한 가지를 정하면 된다. 평가의 주체에 교사뿐 아니라 동료 평가를 포함시킨 것은 평가를 받으며 서로의 생각을 말하며 들을 수 있고 의견을 나누는 시간을 통해 서로를 좀 더 잘 알아가게 하고 싶었다. 동시에 함께 생각을 나누며 다양한 생각과 아이디어를 공유할 수 있는 집단 지성의 힘을 느낄 수 있도록 함이었다. 또한 책 쓰기를 진행 하고 있는 학생 외에도 참여하지 않는 다른 학생들도 책 쓰기 수업에 참여시키고자 하는 생각도 있었다.

나. 계획서 쓰기

주제를 정했다고는 하나 무엇을 어떻게 쓸 것인지에 대한 좀 더 구체적이고 체계적인 계획이 필요했다. 내 책의 예상독자는 누구인지, 책을 쓰는 이유는 무엇인지, 책 내용은 어떻게 구성할 것인지, 어떤 방법으로 정보를 수집할 것인지, 참고할 만한 책이 있다면 그 책은 무엇인지 등 정리해야 할 것이 한두 가지가 아니었다. 그래서 이러한 항목 등을 담아낼 수 있는 책 만들기 계획서 쓰기(활동지 별첨)를 진행했다. 주제를 정했다고는 하나 계획서 쓰기 역시 학생들에게는 어려운 작업이었다. 하지만 자신이 하고 싶어서 시작한 일이기에 누가 시켜서 한 것과는 다르게 열정이 느껴졌으며 힘들어 투덜거리기는 하지만 책 쓰기 준비를 하는 학생들의 모습이 즐거워 보였다.

주제를 정해 추진 계획서를 쓰고 나니 어느덧 1차 지필평가 기간이었다. 학생들이 지필평가에 매진하는 동안 교사는 학생들이 제출한 추진 계획서를 검토하며 피드백을 해주었다. 피드백을 할 때 특히 독서지도사로서 주제와 유사한 본보기가 될 만한 책을 추천하는데 많은 시간을 할애하였다. 수의사가 꿈인 학생의 계획서에는 아프고 다치고 버려진 유기 동물들을 거두는 우치동물원 수의사 최종욱 선생님의 야생 동물 일기『동물원에서 프렌치 키스하기』나 부키 출판사에서 나온 전문직 리포트 시리즈『수의사가 말하는 수의사』를, 요리사가 꿈인 학생이 쓴 계획서에는 두바이로 이사할 때 700여 권의 요리책 때문에 항공 이사 견적이 1,000만 원 이상 나와 호텔 담당자를 놀라게 했다는 7성급 호텔 '버즈 알 아랍'의 수석총괄조리장 에드워드 권의『일곱 개의 별을 노래하다』나 식자재와 역사를 연결해 기술한『식탁 위의 세계사』를 추천해 주었다.

다. 자료 선정 및 내용 구성하기

지필평가를 마친 후 다시 시작된 책 쓰기 시간. 학생 간의 책 쓰기 진행 단계는 천차만별이었다. 아직 주제를 정하지 못한 학생부터 자료조사를 시작한 학생까지. 하지만 교사는 조급해하지 않고 학생들이 각자의 속도에 맞춰 책 쓰기를 진행할 수 있도록 하였다. 남들과 같은 속도로 가야만 할 것 같고 그렇지 않으면 뒤 처지는 것 같은 초조함과 불안감을 이 시간에는 주고 싶지 않았다. 이것이 교실에서 내가 학생들에게 해 줄 수 있는 것 중 가장 중요한 것이라 생각했기에… 남과 다름을 순순히 인정하기. '나는 다른 사람과 다르다'라는 것을 인정하기 위해서는 자신의 있는 그대로의 모습을 인정하는 것에서부터 시작된다. '나는 이런 사람이고, 내 속도에 맞춰 나만의 방식으로 책을 쓰고 있다'라는 자기 인정 말이다. 그래서 수업시간에 학생들에게 가장 많이 한 말은 "괜찮아"였다. "선생님, 오늘까지 제출하지 못하면 어떻게 돼요?" "괜찮아", "선생님, 저 책 못 쓸 것 같아요." "괜찮아. 쓸 수 있어. ○○야" 남과 다름을 인정하고 상대방 고유의 색깔을 존중하는 관용은 이렇게 작은 교실 상황에서 자연스럽게 시작되는 건 아닌지… 때문에 교사부터 조급해 하지 말고 서로를 비교하지 않으려고 더욱 노력을 하였다.

그렇다고 그저 막연하게 "괜찮아"라고 말만 한 것은 아니다. 구체적으로 학생들의 문제를 살피며 그에 맞는 방법을 함께 모색하였다. 책의 주제를 잡지 못해 어려워하는 학생에게는 자신을 돌아볼 수 있는 많은 질문을 통해 자기가 가진 자원과 강점을 끌어낼 수 있도록 하였으며, 계획서 쓰기를 어려워하는 학생의 경우는 학생이 쓰고자 하는 책과 주제가 유사하거나 비슷한 책의 목차를 함께 살펴보며 다른 사람들의 책은 어떻게 쓰였는지 알아보았다.

책을 채워갈 내용 선정을 어려워하거나 구성을 힘들어 하는 학생들에게는 자료를 찾는 조사방법을 알려주며 다양한 방법으로 자료를 수집할 수 있다는 것을 보여주었다. 구성하기 역시 학생이 찾은 자료들을 펼쳐 놓고 다른 친구들과 함께 '이 자료는 여기에 저 자료는 저기에 놓자'라며 목차를 만들어 유목화시켜 나갔다. 그렇다보니 그 어떤 수업시간보다 책 만들기 수업시간에 학생들과 많은 이야기를 나누었으며 서로에 대해 알 수 있는 시간이었다.

책 만들기 계획서를 써 보기는 했으나 실제 자료를 찾고 이를 구성하는 일 또한 만만치 않은 작업이었다. 자료조사를 하는 학생들의 모습을 보니 주로 인터넷을 활용하는 경우가 많았다. 이는 어쩌면 당연한 시대의 흐름으로 익숙하고 편한 방법으로 자료를 수집하는 당연한 모습이었다. 다만, 우리가 무심히 드래그해서 붙이는 자료들은 저작자의 피와 땀이 담긴 노력의 산물이기에 저작자에게 권리가 있다는 점을 분명히 하였다. 때문에 퍼온 글이나 사진에는 반드시 출처를 달도록 하였으며 책에서 본 글을 인용할 때에는 각주를 달거나 출처를 밝히도록 하였다. 또한 학생들이 자료를 조사할 때에는 컴퓨터실을 활용하니 좀 더 편하게 자료 수집과 조사를 할 수 있었다.

라. 집필하기

책 쓰기 과정(순서)

주제 정하기	VS	오늘의 요리 정하기
책 만들기 계획서 쓰기	VS	요리에 맞는 레시피 짜기
자료 선정 및 내용 구성하기	VS	요리에 맞는 식재료 고르기 및 손질하기

집필하기	vs	요리하기

책 쓰기를 요리에 비유해보면, 주제 정하기는 오늘의 요리 정하기, 계획서 쓰기는 요리에 맞는 레시피 짜기, 자료 선정 및 내용 구성하기는 요리에 맞는 식재료 고르기 및 손질하기, 집필하기는 요리하기와 같다. 이제 식재료 선정 및 손질 준비가 끝났다. 그리고 요리에 대한 레시피도 준비되었다. 요리만 하면 된다. 그런데 요리하기 전까지의 시간이 생각보다 오래 걸렸다. 그래서 준비를 마쳤을 때는 이미 학기가 끝나고 있었다. 이때 가장 당황하고 걱정을 했던 건 독서지도사 자신이었다. "아, 너무 여유롭게 수업을 진행했구나.", "나의 안일함이 학생들이 자신의 책을 만들 수 있는 기회를 빼앗은 건 아닌가?" 오만가지의 생각이 머리를 가득 채웠다. 그런데 그때 오히려 나에게 희망의 길을 보여준 건 학생들이었다. "선생님, 저희 방학 때 책 쓰다가 모르는 거 선생님께 물어봐도 돼요?", "방학 때 쓰면 집중해서 써서 책 만들기 완성할 수 있을 것 같아요. 2월 개학 때 가지고 올게요." 정말 학생들은 방학 중에 자신의 책을 끝까지 완성했고 개학 날 내게 제출하였다. 이렇게 우리는 학생별로 차이가 있기는 하지만 2월 말까지 책 제본 작업을 마쳐 각자 자신의 책을 가질 수 있게 되었다. 그러나 무엇보다 이 수업을 즐겁게 마칠 수 있었던 가장 큰 힘은 협력 교사로 참여해주신 담임 선생님 덕분이었다. 방학중에도 학교에 나와 학생들의 책 한 권 한 권을 세심히 살펴주신 담임 선생님이 있었기에 가능한 수업이었다.

　시험기간에도 밤을 안 새는데 자신의 책을 쓰느라 한 시간 반만 잤는데도 피곤하지 않아 신기하다는 학생, 책은 그저 읽기만 해야 하는 건지 알았는데 쓸 수도 있다는 걸 알게 되었다는 학생, 책을 쓰면서 자신이 좋아하는 게 뭔지 확실해졌다는 학생, 그리고 심리학을 처음 접한 후 관심은 있었지만 어렵다는 생각에 점점 위축되기만 했는데 책을 쓰기 위해 읽은 심리학관련 책에서 자신감을 얻었다는 학생, 아프리카를 친구들에게 알릴 수 있어 기뻤다는 학생까지. 20권의 저자 후기에서 이 수업이 학생들에게 줄 수 있는 게 무엇인지를 조금은 알 수 있었다. 자기가 하고 싶어서 한 일이라 밤을 새워도 힘들지 않고 즐겁게 몰입 할 수 있는 경험을, 책을 읽기만 했던 독자에서 책을 쓸 수도 있다는 생각의 전환을, 책으로 꿈을 탐색하고 책으로 자신감을 얻으며 책을 쓰기 위해 공부를 하게 되었다는 이야기에서 〈나만의 책 만들기〉 수업이 학생들에게 준 것이 무엇인지 알 수 있는 소중한 시간이었다. 각자의 결과색이 다른 학생들이 〈나만의 책 만들기〉 수업을 통해 자신만의 고유한 결과색을 찾아가고 있는 건 아닐지 행복한 상상을 해본다.

주제 탐색 및 주제 선정하기
- 주제 선정표 (흥미성·실용성·현실성)

▼

책 만들기 계획서 쓰기
- 예상 독자, 선정 이유, 자료 조사 방법, 목차 등

▼

자료 조사하기 및 내용구성하기

▼

집필 및 퇴고하기

주제 선정하기

	주제 + 설명 (3줄 이상)	흥미성 (10점)	가능성 (10점)	유용성 (10점)	합계
1					
2					
3					
최종 주제					

책 만들기 계획서

책 제목	
예상 독자	
선정 이유	
참고 자료	
목차	

"초등학교 땐 저 학생도 호기심이 많았겠지?"

"왜, 중·고생들은 수동적이고, 꿈이 없는 학생들이 많을까?"

선생님들 사이에선 공공연하게 이런 이야기들이 자주 오간다. 독서지도사로 학교에 근무하면서 알게 된 사실이지만 내가 생각했던 것과 달리 대부분의 학생들이 자신의 진로를 정하지 못한 채 시간을 허비하고 있었고, 그래서인지 수업 시간에 그들의 모습은 가문 날 축 처져 있는 벼의 모습과 별반 다르지 않았다.

학생들의 호기심을 찾아주고 그들의 꿈을 찾아주기 위한 해법은 아무래도 '책'에 있지 않을까? 더 정확하게는 '올바른 책 읽기 방법'에 그 해결책이 숨어 있지 않을까?

이런 생각에서 시작된 나의 독서수업은 학생들의 '자발성 살리기'에 초점을 두고 진행되었다. 첫 수업을 마치고 '중·고등학생들에게 초등학생 때의 활발함과 자발성을 되찾아 주는 건 무리겠지?'하는 생각이 들기도 했지만 그래도 이왕 시작했으니 끝을 보자라는 마음으로 수업에 임했다.

'영화를 활용하여 독서 방법 찾기', '명화를 활용하여 독서하기', '질문을 만들면서 함께 책장 넘기기', '자율독서동아리' 등의 활동은 나의 목표를 달성하기 위한 일련의 노력들이라고 할 수 있다.

처음엔 쉽지 않았다. 하지만 학생들의 관심사를 찾아가며 그들의 마음을 두드렸더니 어느 순간 그 문이 열리기 시작했다. 중·고등학생들도 초등학생들처럼 활발하고 자발적으로 수업에 임하게 되었고 적극적이고 자발적인 태도는 깊이 있는 학습으로 연결되었다. 스스로 읽고 생각하며 말하는 것을 즐기게 된 학생들은 수업시간 이외에도 자율동아리 활동을 통해 생활 속에서도 독서를 이어갔고 이런 긍정의 변화들은 수업이 끝난 후 학교 곳곳에서 찾아볼 수 있었다. 하나 덧붙이고 싶은 것은 수업을 할 때 학생들에게 '나'보다는 '우리'를 강조한 것이다. 일상의 모든 활동들은 혼자 할 때보다 같이 할 때 더 큰 의미로 남을 수 있기 때문이다. 작게는 먹는 것, 노는 것부터 크게는 보는 것, 읽는 것, 감상하는 것까지 말이다. 학생들이 그 기쁨을 알길 바랬다. 함께 하면 감상의 폭은 더 깊어지기에.

이 장을 통해서 책을 읽지 않는 학생이 떠오른 누군가와 그런 학생들을 지도해야만 하는 필연적 이유를 가진 분들에게 작은 아이디어를 제공하는 글이 되길 바란다.

2장.

감상이 있는 독서

1.
영화로 만나는 독서이야기
독서시간 마음 열기(오리엔테이션)

1. 「프리덤 라이터스 다이어리」 절망을 이기는 용기를 가르쳐준
감동과 기적의 글쓰기, 에린 그루웰 / 알에치코리아
2. 「프리덤 라이터스」, 리처드 라그라브네스 감독

| 수 업 엿 보 기 |

컷! 학생들이 집중해서 보던 영화 화면이 정지한다.

"홀로코스트가 궁금하다고 한 질문을 기억하지? 홀로코스트를 궁금했던 학생들은 박물관에 가서 직접 눈으로 보며 자신의 궁금해 했던 사건이 무엇인지 확인해보게 되지. 그리고 선생님이 주신 『안네의 일기』를 읽어보게 돼. '안네의 이야기'를 얌전하게 읽기만 하는 것 같아?"

영화 장면이 정지한 것에 대한 아쉬움을 표현하며 영화 속 장면들을 연결지어 이야기하기 시작한다. 선생님은 학생들의 이야기를 칠판에 정리하며 듣는다.

"읽으면서 중간 중간 자신이 상상한 부분을 이야기해요."(상상하며 읽기)

"주인공이 죽었다는 사실을 알게 되었을 땐 책을 읽으라고 했던 선생님을 찾아와 화를 냈어요."(감정이입하기)

"인종차별이란 문제를 겪는 사춘기 소녀라는 점이 비슷해서 주인공 마음에 공감했는데 그런 주인공이 죽어서 화가 난 건 아닐까요?"(공감하며 읽기)

"선생님께 화를 낼 때 같은 반 친구가 그 장면에 대한 자신의 생각을 이야기해요."(자신의 생각 말하기-토의하기)

"도서관에서 다른 책을 찾아봤다고 이야기도하고요."(관련도서 찾아보기)

"맞아요. 『안네의 일기』를 읽으면서 다양한 반응과 행동이 나타났네. 또 '안네의 일기'를 읽고 난 후엔 뭘했지?"

"안네의 가족의 도와준 분께 편지를 썼어요."(다양한 형태의 글쓰기)

"댄스파티를 해요."

"댄스파티와 바자회를 해서 작가를 학교에 초대할 비용을 번거지."(작가와의 대화)

"영화를 보기 전 우리는 책을 읽고 난 후에 독후감쓰기 정도의 작은 활동만 생각했는데 읽으면서, 읽은 후에 다양한 반응과 활동들을 하고 있고 할수 있네. 그 밖에 또 여기에 나오지 않은 나만의 독서반응이나 활동들을 이야기해볼까요?

"우린 그냥 읽어요."

| 수 업 준 비 하 기 |

독서수업은 학생들의 자발성이 있어야 가능하다.

새학기가 되면 독서수업을 처음 시작하는 학생들에게 독서수업이 무엇인지 알려야 한다. 독서수업 시간의 오리엔테이션 때 독서의 중요성을 얼마나 체감하느냐에 따라서 그 뒤의 독서수업의 승패가 갈린다. 처음 독서 오리엔테이션을 할 때는 말로 학생들에게 독서의 중요성을 강조했다. 성공한 사람들의 명언 등을 인용하면서 이야기했다. 하지만 이런 오리엔테이션은 독서의 중요성을 알게는 되지만 특별한 능력을 가진 사람들의 일로 여기고 학생들을 움직이게는 할 수 없다. 그래서 덧붙인 것이 독서를 활용해 생활기록부 꾸미기이다. 그리고 선배들의 독서수업을 활용해서 성공적 진로 사례를 덧붙인다. 이런 방식의 독서 오리엔테이션은 학생들의 독서수업의 참여도 높일 수 있는 있지만 독서의 목적이 마치 좋은 대학을 가기 위한 수단으로만 학생들이 여기지 않을까 우려가 된다.

정말 학교에서 독서를 가르치는 목적은 평생 독자를 만들기 위해서이다. 독서를 통해 새로운 지식도 배울 수 있지만 정말 내가 전달하고 싶은 것은 독서를 통해 우물 안 개구리가 아닌 다양한 생각으로 사고를 넓히고 이를 바탕으로 풍부한 삶을 살아가는 것에 있다.

중요성을 강조하는 나와 전혀 공감하지 못하는 학생간의 독서에 대한 이해는 너무 달라 학생들과 나는 독서수업에 진행하며 서로 다른 곳을 바라보고 있다는 생각이 들었다.

앞으로 독서수업에 대해 직접적으로 알려줄 수 있는 영화를 활용해 오리엔테이션을 해보기로 했다. 말이 아닌 학생 스스로 간적접으로나마 독서의 유익함도 느껴보도록 하기 위함이었다. 내가 선정한 영화는 『프리덤 라이터스』이다. 이 영화는 윌슨고교에서 처음 교편을 잡게 된 에린선생님과 제자들의 이야기이다. 에린선생님의 제자들은 다양한 인종과 문화 속에서 살아가는 학생들로 다른 인종이라는 이유로 서로를 배척하고 폭력을 행사하며 무의미한 삶을 보낸다. 에린선생님은 이 학생들을 변화시키기 위해 전시회도 데려가고, 책도 읽히며 그들에게 필요한 맞춤 교육을 한다. 선생님이 준비해 온 『안네의 일기』와 『즐리타의 일기』를 읽으면서 학생들은 자신과 비슷한 고통을 겪고 절망 속에서 지내는 것이 잘못되었다는 깨달음을 얻고 선생님이 준 일기장에 책에서 발견한 자신의 모습, 그리고 자신의 생각과 느낌을 적는다. 그들의 이야기가 고스란히 담긴 『프리덤 라이터스 다이어리』라는 책으로 출간된다는 스토리의 영화이다. 누군가는 이 영화를 참된 교육을 담고 있는 영화라고 할 수 있지만 독서지도사의 관점에서 보면 이 영화는 독서를 통해 깨달음을 얻고 생각과 삶이 바뀐 구체적인 사례라고도 볼 수 있다.

오리엔테이션의 목적에 맞게 영화를 편집했고, 중간 중간 학생들과 이야기해보고 싶은 질문을 적어 활동지로 만들었다.

궁금증에서 시작하기!

영화 속 교실 풍경은 수업을 하는 선생님과 무관심한 학생들이다. 문화적 배경과 영화라는 점이 다르지만 같은 나이의 학생들이라는 공통점 때문인지 학생들도 영화에 집중하게 된다. 수업에는 관심 없지만 친구의 모습을 장난스럽게 그려놓고 돌려보며 웃고 즐거워하는 학생들에게 선생님은 인종차별은 나쁜 행동이며 그 예로 '홀로코스트 사건'을 설명해준다. 처음으로 선생님의 말을 경청하는 학생들, 진지해진 교실 속. 한 학생이 손을 들며 침묵을 깬다.

'홀로코스트가 뭐예요?'

이 부분까지 본 후 잠시 영화를 멈추고 질문을 했다. 영화 속 교실의 모습과 우리의 모습이 닮았는지 다른지 이야기해보도록 했다. 영화를 집중해서 본 탓인지 느낀 점도 다양했다. 영화 속 교실을 보며 선생님과 학생들의 소통 과정을 이야기하는 학생들도 있고, 바르지 못한 수업 태도를 지적하는 학생들도 있다. 그리고 학생들의 수업에 대해 무관심한 태도도 나온다. 책 속 내용은 잘 기억을 못하는데 영화 속 주인공들의 행동은 정확하게 묘사해 낸다. 그리고 그 행동에 대한 자신의 해석도 덧붙인다. 같은 것을 보아도 해석은 다양하게 갈린다. 정도의 차이는 있지만 영화 속 학생들의 모습은 우리와 묘하게 닮아있다는 생각이 든다.

영화 속 학생이 홀로코스트가 무엇인지 조심스럽게 묻는 마지막 장면을 떠올리며 이 질문 뒤에 이어질 일들은 상상해 보라고 했다. 그러면서 '우리 교실에는 상황을 반전시키는 질문이 없는 이유가 무엇일까?'를 가볍게 묻는다. 학생들은 성토대회가 열린 것처럼 '궁금하기 전에 가르쳐줘요.' '시험을 잘 보려면 궁금한 것보단 이해력과 암기력이 좋아야 해요.' 등의 다양한 이유들을 쏟아놓는다. 우리는 교과서를 보며 시험을 잘 보기 위해 교과서 이상의 것을 공부하는 것은 시간낭비라고 생각한다. 오히려 궁금한 점이 생기면 불필요한 생각이라 여기며 자연스럽게 생겨난 궁금증을 스스로 없애버린다. 초등학교 때 '왜요?' 라고 묻던 우리 아이들이 왜 그렇게 됐을까? 우리도 그렇게 잃어버린 질문의 본성을 다시 일깨워보면 어떨까라는 제안을 했다.

실제로 내가 대학에 가서 공부할 때 수업을 끝내기 전 수업에 관한 질문을 받는 교육철학 교수님이 계셨다. 보통 교수님들 중에는 수업을 마치기 전에 형식상 '질문있나요?'란 말을 던지시는 분들이 계셔서 처음엔 그런 형식적 질문이라고 생각했는데 교육철학 교수님은 달랐다. 질문이 나올 때까지 침묵으로 우리는 보셨는데 그 시간은 민망을 넘어선 고통이었다. 계속 질문이 나오지 않자 교수님께서는 질문을 하는 학생들에겐 학점에 플러스를 해주신다고 하셨다. 성적은 고등학생을 움직이고 학점은 대학생을 움직인다. 교육철학이 필수과목이라 학점을 잘 받기 위해서 고등학교 교과서와 자료를 찾아볼 정도였는데 수업과 전공도서의 내용을 이해의 관점으로 봐서 그런지 궁금한 점이 없었다. 학점에 영향을 준다고 하니 나를 비롯한 학생들은 쥐어짜서라도 질문을 만들었던 것 같다. 그 때 나는 질문을 만들진 못해도 좋은 질문을 구별해내는 능력이 생겼다. 질문자 본인의 궁금증에서 시작된 질문은 다른 관점으로 보게 되는 계기가 되어 신선했다. 반면 학점을 잘 받기 위해서 지식을 과장하기 위해 만든 질문은 사람을 얼마나 따분하게 하는지도 알게 되었다. 물론 이때 학점을 잘 받지는 못했지만 질문의 중요성과 좋은 질문이 무엇인지를 알게 되는 계기가 된 것이다.

좋은 질문을 하며 그것을 해결하는 과정은 책읽기가 즐거워지는 하나의 방법임을 이야기하며 독서시간을 통해 다양한 주제들에 관심을 가지고 질문을 던져보자는 제안을 하며 다음 장면으로 이어간다.

검색사이트에 없는 것이 책에는 있다?

'홀로코스트가 궁금한 학생들처럼 우리도 더 알고 싶은 내용이 생기면 어떻게 할까?' 라는 질문에 학생들은 포털사이트를 찾거나 선생님에 묻는다 등의 단편적인 이야기들을 한다.

학생들이 시청하게 되는 영화 속 내용은 '홀로코스트가 뭐예요?' 라는 궁금증을 해결해가는 이야기이다. 학생들은 홀로코스트의 내용을 알아보기 위해서 포털사이트를 뒤지거나 선생님 설명을 듣는 대신 '홀로코스트 박물관'을 찾아간다. 그리고 홀로코스트 사건을 몸소 체험한다. 그리고 나서 선생님이 추천해준 『안네의 일기』를 읽는다. 만약 이 순서가 바뀌었다면 어땠을까? '홀로코스트 사건'도 아는 지식적 이야기가 되었을 것이다.

학생들은 박물관에 다녀온 후 선생님이 건네준 『안네의 일기』에 깊게 빠져든다. 안네의 일기를 읽어가는 과정을 보고 영화를 멈췄다.

"홀로코스트의 궁금증을 영화 속 학생들은 어떻게 해결했니?"

"박물관과 책을 통해서 이해하는 것과 검색포털을 이용해 이해하는 것은 어떻게 다를까?"

독서교사의 입장에선 책을 통해서 읽는 것이 좋다는 의견이 나오길 바라지만 학생들은 검색포털의 장점도 이야기한다. 의견이 분분하지만 책을 활용해야 한다는 의견에도 공감해준다. 토의 수업의 장점은 처음에는 다양한 의견이 나오지만 신기하게 올바른 방향으로 정리되어 가며 학생들의 마음도 따라 움직인다는 것이다. 아마 내가 검색포털을 사용하는 것보다 책을 읽는 것이 더 깊이 있게 이해할 수 있다고 말했다면 지금과 같은 반응은 나오지 않았을 것 같다. 자연스럽게 의견을 묻고 학생들이 토의하는 과정을 통해서 학생들의 공감을 얻고 마음이 움직이는 것을 느낄 수 있었다.

지금 어떻게 책을 읽고 있나요?

영화 속에서는 『안네의 이야기』를 읽으면서 읽은 후에 학생들의 다양한 반응이 나온다. 결말의 내용을 말해달라고 조르거나 선생님이 끝까지 말해주지 않자 안네가 언제 히틀러를 쏴 죽이냐며 상상한 자신만의 결말을 말하기도 한다. 결국 안네의 죽음을 알고 자신과 같은 고통을 당한 주인공이 죽음을 맞이하는 결말을 읽힌 선생님의 의도를 묻기도 한다. 이런 친구의 항의를 들으며 안네의 죽음에 대한 자신의 견해를 말하는 모습을 보이는 친구도 있었다. 책을 읽은 후에는 안네를 도와준 미프기스에서 편지를 쓰고 직접 학교에 초대하자는 의견을 내기도 한다.

영화 속의 학생들이 변해가는 모습을 보며 영화를 잠시 멈췄다.
"여러분은 책을 어떻게 읽고, 읽고 난 후에는 무엇을 하죠?"
대부분의 학생들은 그냥 읽는다는 반응들이다. 읽고 나서 줄거리를 정리하거나 글로 적어놓는다는 이야기도 나오지만 재미없고 힘들다고 말한다.

"우리는 책을 읽고 뭘 하면 좋을까?"

영화의 마지막 학생들이 자신의 삶을 돌아보고, 꿈도 생기고 그것을 이루기 위해 노력한다는 마지막 자막과 함께 실제 선생님의 모습과 학생들의 사진을 보며 학생들은 깜짝 놀란다.

"이 이야기 실화였어요?"

그 동안 독서의 장점을 많이 이야기해줬지만 학생들은 그 이야기가 와 닿지 않았던 것 같다. 영화 속 실제적인 이야기를 통해서 독서의 가능성과 중요함을 스스로 느낀 것이다. 우리가 해왔던 독서는 그냥 읽기 혹은 수업시간에 하는 분석적 읽기 활동, 이해를 하기 위해서 읽는 독서였다면 앞으로 진행될 독서시간에 할 수업은 책을 읽고 자유롭게 감상하고 생각을 나누는 것 그리고 자신에 도움이 되는 독서를 하는 것이라고 이야기하며 수업의 목표를 공유한다.

처음 독서시간에 들어갔던 나를 바라보던 학생들의 눈빛과 수업이 끝난 후 나를 보는 학생들의 눈빛이 달라진 것을 보니 오리엔테이션 수업을 통해 우리는 한 학기 동안 해나갈 독서수업의 중요성과 목표를 제대로 공유한 것 같다.

| 수 업 후 마 무 리 하 기 |

수업이 끝난 후 학생들에게 『프리덤 라이터스 다이어리』란 책을 소개해주

었다. 이 책은 영화 속 주인공인 학생들이 그들의 일기를 모아 출간한 책이다. 이 책 속에는 부모와의 갈등, 사랑, 진로 등 청소년들이 느끼는 다양한 고민들이 일기 형식으로 담겨있다. 영화 수업의 끝을 아쉬워하는 학생들에게 이 책을 소개해주었다. 영화 속 학생들을 알게 되어서인지 친숙하게 책을 받아들이고 진지하게 읽는다. 책을 다 읽은 후 학생들의 이야기 중 우리와 비슷한 이야기를 이야기해보도록 했다. 영화가 동기부여가 되어서인지 학생들은 활발하게 토의활동을 진행했다. 영화 속 선생님과 학생들은 시민운동단체였던 '자유의 여행자들(The Freedom Writers)'로 활동한다는 말과 함께 우리도 자유의 작가가 되어 우리의 이야기를 일기로 써보자는 제안을 했고 학생들은 열심히 자신의 이야기를 써 내려갔다.

'서걱서걱'

글 쓰는 소리만 들리는 교실.

만약 학생들의 수업에 대한 공유의 시간을 갖지 않고, 글쓰기 시간을 가졌다면 학생들의 솔직한 생각을 읽는 행복을 누리지 못했을 것이다.

영화 몰입하기
– 주인공들과 우리 비교하기

▼

영화 따라가기
– 체험활동하며 궁금증 해소하기

▼

영화 따라 읽기
– '안네의 일기' 읽기

▼

영화 따라 쓰기
– 나의 이야기 쓰기

2.
도서관과 미술관이 만날 때
명화 도서 읽기

1. 『할아버지가 꼭 보여주고 싶은 서양 명화 101』
김필규 / 마로니에북스

| 수 업 엿 보 기 |

제가 감상한 작품은 이것입니다.

발표자가 준비한 그림을 화면에 띄운다.

"이 그림을 본 느낌이 어때요?" 그림감상을 발표하는 학생이 친구들에게

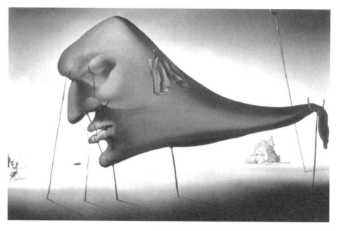

<잠>, 살바도르 달리(초현실주의 화가 1904~1989, 스페인)

질문한다.

"무서워요."

"표정이 이상해."

"배경이 삭막해."

긴장한 친구를 돕기 위해 듣는 학생들도 질문에 대한 적극적인 반응을 보인다.

"이 그림을 처음 감상 했을 때 저도 여러분과 비슷한 생각을 했어요. 사람을 그린 것 같은데 왜 머리만 그렸는지, 왜 안정감 없이 막대기에 위태롭게 머리만 올려놓았는지도 궁금했습니다. 그리고 귀라고 해야 할지 목이라고 해야 할지 모를 애매한 부분에는 금방이라도 흘러내릴 것 같은 천을 걸어놓은 것도 의문이었습니다. 배경은 사막 같기도 하고요, 도대체 이 작가는 무엇을 나타내고자 했던 것일까요?" "내가 말해도 될까?" 다른 조에서 같은 그림카드를 선택한 친구가 웃으며 손을 든다. "잠들기 직전의 순간을 그림으로 표현한 거야." "진짜?" "왜왜?" 궁금해 하는 친구들의 모습에 흐뭇한 미소를 보이며 발표자는 말을 이어간다. "이 사람의 작품을 이해하려면 작가에 대한 이해가 필요한데요, 작가의 관심분야는 인간의 잠재의식이었습니다. 특히 인간의 꿈의 공간을 그림으로 표현하려고 했는데 이 작품명은 '잠'으로 꿈속으로 향하는 과정을 그림으로 표현한 것입니다."

이해가 안 된다는 듯 고개를 갸웃거리는 친구들이 답답하다는 듯 발표자는 다시 설명을 이어간다.

"그러니까 우리가 수업시간에 잠들기 전을 생각해 봐. 잠의 세계로 빠져들 때 아슬아슬하게 고개를 움직이잖아. 그 상태를 그림으로 표현한 거야. 여기 머리를 위태롭게 받치고 있는 나무막대기를 치워봐 어떻게 되겠어? 작가는 '만약 이 버팀목이 치워진다면 우리는 추락이라는 흥분을 느낄 수 있을 것이다.' 라고 말했대. 졸다가 잠이 깨면 깜짝 놀라며 깨잖아."

"나는 이 그림에서 인상적인 부분이 여기 눈꺼풀을 들어 올리는 나무막대기였어. 나도 가끔 수업시간에 잠이 올 때 눈을 저렇게 들어 올리고 싶다는 생각을 했는데 아마 이 사람도 자면 안 되는 순간에 쏟아지는 잠을 주체하지 못하던 자신의 모습을 표현한 것이 아닐까란 생각을 했어. 졸음이 오는 순간을 '잠'이란 그림으로 표현해낸 작가의 상상력과 표현력이 놀랍고 너희들에게도 알려주고 싶었어. 너희들도 수업시간에 이런 경험이 있었을 것 같아서."

　대부분의 학생들은 독서시간을 지루해 한다. 이유가 무엇일지 생각해보다가 평소 학생들의 생활에서 그 원인을 찾아보기로 했다. 책보다는 스마트폰을 활용하는 학생들. 소설책보다는 인터넷 소설을 읽는 학생들, 신문보다는 인터넷 기사를 읽는 학생들…

　이제 학생들에게는 다양한 매체를 읽어내는 능력이 필요하게 되었다. 책을 읽을 때에는 그 내용을 머릿속에 그려가며 예측하고 상상하는 능력이 필요했지만 현재는 다양한 그림, 영상 등 갖가지 구체화된 정보들 때문에 그런 능력들은 불필요하게 되었다. 구체화된 정보들은 독자들의 이해를 쉽게 도와준다는 장점이 있지만 독자에게 생각할 시간을 주지 않는다는 단점도 있다.

　그렇다면 영상매체에 길들여진 학생들에게 실질적으로 필요한 읽기능력은 무엇일까? 그것은 글 뿐 아니라 그림이나 영상을 보며 폭넓은 생각을 하며 읽는 능력이다. 사진이나 그림 영상이 주는 이미지에 글이 더해지면 더 분명하게 의도를 파악할 수 있다. 이런 효과를 기대하며 독서수업을 구상해보았다.

　이미지 활용 수업을 하기 위해 미술과목과 연계된 명화 감상 수업을 계획했다. 문자가 발명되기 이전 문자대신 사용되었던 그림은 우리가 살지 않았던 시대의 삶의 모습과 당대 사람들의 생각이 담겨있다. 그리고 우리는 그것을 보며 그 당시의 삶을 예측 할 수 있다.

　그림을 더 명확하게 이해하기 위해서는 작가, 당시 상황, 표현기법 등과 관련된 배경지식이 주어져야 한다. 학생들은 그 배경지식을 바탕으로 그림을 해석한 후 그 내용을 친구들과 공유함으로써 감상의 폭을 넓힐 수 있다.

수업을 구상하면서 명화 관련 서적들을 검색하다가 『할아버지가 보여주고 싶은 서양명화 101』이라는 도서를 발견하게 되었다. 이 책의 저자는 은퇴한 뒤 취미로 배우던 조형예술을 좀 더 배우고자 대학원에서 미술사학을 공부했고, 자신이 공부한 미술작품들에 대한 이야기를 손자 손녀들에게 소개해 주기 위해 이야기하듯 하나하나 설명해주고 있어 편안하게 읽을 수 있다. 또한 미술작품과 관련된 비화도 함께 실어 독자들의 상상력을 불러일으킨다. 뿐만 아니라 그림과 관련된 신화, 역사, 인물, 문학 작품 등을 함께 설명해 줌으로써 학생들에게 다양한 이야기를 거리를 제공해주고 있다.

예술과 관련된 도서이므로 감상과 읽기 활동이 동반되어야 하는데 교실이라는 제한된 공간과 많은 학생들이 도서를 다 가지고 있지 않은 환경 속에서 효과적인 읽기와 감상활동을 할 수 있는지 고민하게 되었다. 책의 내용을 복사하거나 프린트로 만드는 것은 명화의 질감, 색채를 제대로 전달할 수 없어 제대로 된 감상을 할 수 없었다. 명화를 세밀하게 관찰하면서 생겨난 호기심과 궁금증을 읽기자료를 통해 해소하며 감상하길 원했다. 학생들이 먼저 그림을 본 후 그 내용을 추론할 수 있도록 명화카드를 활용했다. 대신 읽기 자료는 제공하지 않았다.

책에는 100여 편이 넘는 그림들이 소개되었지만 시대와 특징을 고려하여 한 조당 30점의 작품을 감상하는 것을 목표로 명화카드를 제작했다. 컬러프린터로 명화를 출력해서 하드 보드지에 붙이니 그럴듯한 명화카드가 되었다.

| 수 업 진 행 하 기 |

책상 위에는 30개의 명화들이 펼쳐져 있다. 그 중에서 학생들은 개인별로 5장의 명화를 고른다. "자신이 고른 명화를 관찰한 후에는 명화카드 한 장을 오른쪽 친구에게 넘기세요. 이젠 반대로 왼쪽 친구에게도 명화카드를 넘기세요." 카드처럼 만들어진 명화는 학생들의 손에서 자유롭게 이동한다. 카드놀이를 하는 것처럼 자유롭게 명화카드를 감상한다. 감상활동이 끝나면 자신이 가장 마음에 드는 카드를 골라 자세히 감상하도록 한다.

첫 번째로 명화카드를 가지고 세밀하게 관찰을 하는 활동을 진행한다. 처음에는 명화를 감상하며 질문을 던져보고 그 질문에 대한 답을 달아보는 활동을 하는데 질문 작성을 돕기 위해 작품에서 표현된 것, 그리고 표현된 상황들, 그려진 소재가 의미하는 것, 작가가 표현해내려는 바 등 명화를 보며 추론해볼 수 있는 질문을 제시하며 돕는다. 그리고 이를 바탕으로 '첫인상으로 짓는 명화의 제목'을 지어본다.

두 번째는 읽기카드를 제시하여 자신이 선택한 명화에 대한 배경지식을 쌓는다. 그 후에 명화 읽기카드를 통해 새롭게 알게 된 내용을 정리해본다. 학생들이 주로 정리한 내용은 작가의 삶에 관련된 내용, 작가가 살았던 시대, 시대마다 추구했던 미의 가치, 작품들의 특징과 표현, 그리고 이를 통해 작가가 작품을 통해 말하고자 했던 내용들이었다.

명화에 대해 새롭게 알게 된 내용을 바탕으로 명화를 통해 얻는 정서적 기분, 자신이 하고 싶은 이야기를 자유롭게 표현하거나 작가의 의도에 대한 생각, 작품의 가치 등에 대한 비평을 적어보도록 했다.

마지막으로 자신의 선택한 명화를 조원들에게 설명하고 감상을 나누는 시간을 가졌다.

이런 일련의 과정을 학생들에게 보다 쉽게 전달하기 위해서 각각의 과정들을 나누어 시범보이기 활동을 진행했다. 학생들은 교사의 시범보이기 활동에도 활발하게 참여하며, 명화 감상에 그 방법을 활용했다.

명화카드를 활용하여 학생들의 호기심을 자연스럽게 불러일으켰고, 읽기카드를 통해 다각적인 감상이 이루어지게 도왔다. 이런 활동은 명화에 대한 자신만의 생각과 관점을 만들어 줄 수 있는 토대가 되었다.

미술감상 수업을 하면서 수업시간이 심심해진 교사와 바빠진 학생들. 내가 열심히 가르쳐주지 않아도 내가 준비한 수업 안에서 열심히 배우고 즐거워하는 모습을 보며 180개의 카드를 만들며 힘들었던 기억은 잊고 앞으로 학생들이 가진 재능을 발휘할 수 있는 기회를 수업 안에서 만들어주어야겠다는 생각이 들었다.

"선생님 재미있는 미술 책 좀 소개해주세요."

명화 감상 수업이 끝나고 제일 많이 받았던 질문이다. 수업 후 명화 관련 도서를 찾는 학생들이 많아졌기 때문에 사서선생님과 함께 도서관에 명화 도서 코너를 만들어 전시해 두었다. 학생들은 전시된 도서들에 관심을 갖고 읽어보며 자연스럽게 감상평을 나누었다. "선생님, 저 두 번째 책이에요."라며 어깨가 으쓱해진 남학생에게 칭찬을 아끼지 않았다. "그 전에는 그냥 읽었는데요. 요즘에는 그림을 관찰하고 어떤 이야기가 숨어있는지 찾아보며 읽으니까 재미있는 것 같아요. 동아리 활동하러 과천 어린이대공원에 가는데요, 제가 미술관도 가보자고 했어요. 실제로 그림을 자세히 본 적이 없어서요."

미술관에 간다는 학생의 말을 들으면서 과거 미술관 관람시간이 단 5분에 지나지 않았던 중학교 남학생들과의 유쾌하지 않았던 미술관 체험활동의 악몽(?)이 떠올랐다. 적어도 관람 전에 이러한 수업을 계획하고 세심하게 짚어주었더라면 그들이 감상을 할 때 무엇을 해야 할지도 알고, 그림 감상에 대한 작은 기대도 함께 나누게 되었을 것이다.

명화카드 펼치기
– 자신이 감상하고 싶은 명화 찾기

▼

명화 관찰하기
– 교사의 시범 보이기
– 자신이 선택한 명화 관찰하며 감상하기

▼

읽기 카드를 활용하여 명화 감상하기
– 교사의 시범 보이기
– 내가 선택한 명화와 관련된 읽기자료를 읽고 감상하기

▼

감상 나누기
– 조별로 감상나누기

할아버지가 꼭 들려주고 싶은 서양 명화 이야기
- 에드가 드가(Edgar Degas, 프랑스) -

흰 꽃잎이 사뿐히 떨어지는구나, 아니면 이제 막 가볍게 날아 올라가려는 것일까? 프리마 발레리나가 흰 꽃잎처럼 가장 우아한 순간을 보여주고 있어. 발레리나의 화가로 유명한 드가는 프랑스의 부유한 가정에서 유복하게 자랐어. 그런데 성격이 괴팍하고 사교성이 부족했던지 항상 고독하게 지냈던 화가로 알려져 있지.

드가는 정확한 소묘 위에 신선하고 화려한 색채를 썼단다. 30대 이후부터 드가는 시력이 급격히 악화되기 시작했단다. 결국 작품 활동을 그만 둘 수밖에 없었지만 이런 이유로 말년에는 손의 촉각에 의지해 뛰어난 조각 작품을 남겼고 이 조각 작품들도 그림 못 지 않은 좋은 평판을 받았단다.

이제, 발레리나 공연을 감상해볼까? 우선 구도가 무척 파격적이구나. 무대를 높은 쪽에서 내려 본 구도를 사용했어. 그리고 발레리나는 오른쪽으로 치우치게 배치했단다. 이럴 경우 관객들은 막 날아오르려는 발레리나의 역동성을 기대하게 되거든. 드가는 어려서부터 발레와 오페라 공연을 자주 다녔단다.

공연을 감상하면서 마음에 드는 장면을 기억해두었다가 화폭에 담아낸 거야. 그러다보니 터치의 느낌이 그림에 그대로 드러난단다. 물론 드가가 그만큼 섬세하고 치밀한 관찰력을 갖고 있었기에 가능한 일이었지. 게다가 항상 가장 비싼 좌석의 발코니에서 감상했다고 하니 위에서 내려 보는 구도를 사용한 것이 이해가 되는구나.

공연에 흠뻑 빠져있는 발레리나를 보렴. 오른쪽 무릎이 살짝 구부러진 상태구나. 두 팔은 부드럽고 우아한 날개처럼 펼쳐 올렸지? 목과 쇄골, 가슴, 그리고 긴장감 있게 구부린 다리까지 드가는 흰 빛을 부드럽게 사용해 우아한 맛을 극대화 했어. 이제 발레리나가 흰 꽃잎처럼 팔랑거리며 날릴 것 같구나.

스포트라이트를 받은 이 공간과 반대로 화면의 상단부분에는 주목받지 못한 이들이 있단다. 주인공이 아닌 이들은 절벽의 벽면처럼 한 덩어리로 처리했단다. 이런 인물들의 배치 방식이 매우 파격적이구나.

드가는 특유의 파스텔 색조로 화면에 부드럽고 따스한 분위기를 만들었단다. 여기 발레리나의 표현에서도 잘 드러나 있어. 마치 따뜻한 우유 거품 같은 풍부함이라고 해야 할까. 드가는 모노타입 위에 파스텔로 색을 입히는 방법을 썼단다.

읽기 포인트

○시력이 약화되었지만 드가가 예술 활동을 포기할 수 없었던 이유는 무엇이었을까요?

○생동감 있게 연출하기 위해서 어떤 표현 방법을 사용하였나요?

○그림의 배치는 어떠한가요?

○드가 그림의 분위기는 표현한다면 어떻게 말할 수 있나요?

○읽기자료를 읽은 후 드가의 그림에 나만의 제목을 붙인다면 어떻게 지을 수 있을까요?

감상 포인트	나의 감상 내용	생각 주머니
내가 소개하는 명화의 첫인상 (간단하게)		◦ 그림을 관찰하며 알게 된 점 ◦ 그림을 보고 들었던 생각 ◦ 떠올랐던 장면 ◦ 생각 난 이야기 ◦ 화가이야기
	첫인상으로 그림의 제목을 짓는다면?	
읽기 자료에서 알게 된 명화 이야기 (화가/그림)		▶ 작가는? ◦ 경험한 것 ◦ 시대의 특징 ◦ 영향을 받는 것
	읽기 자료를 읽은 후 그림의 제목을 짓는다면?	▶ 작가는? ◦ 그림의 특징 ◦ 표현 방법, 재료 ◦ 그림 안에 담긴 의미

3.

마음으로 읽는 문학, 감동에 빠지다

소설 함께 읽기

1. 「우상의 눈물」 전상국 / 민음사
2. 영화 〈소수의견〉 김성제 감독 (2015)

| 수 업 엿 보 기 |

"오늘은 학교가 무섭다고 떠난 기표를 의사가 되어 진단해보고 치료방법까지 생각해보는 진단서 쓰기 활동을 해 볼 게요. 조별로 모여 앉으세요."

마지막 활동인 진단서 쓰기 활동을 제시하자 학생들은 활동에 대한 질문을 쏟아 놓는다.

　"선생님 기표를 진단할 때 자기 생각으로 상상해서 진단하면 되나요?"

　"선생님 동재는 기표가 중 2병이래요. 이렇게 황당한 병으로 진단해도 돼요?"

　"중 2병이라고 생각했으면 그렇게 생각한 이유를 책에서 장면이나 대사를 찾아서 논리적으로 설명하면 가능합니다. 병명은 얼마든지 여러분들이 창의적으로 붙여도 되는데 문제는 그렇게 생각한 이유를 책과 연결지어 설명해서 다른 친구들도 이해가 가게 끔 해야 돼요."

　"선생님 책을 몇 번을 읽는지 모르겠어요."

　"왜 난 읽을 때마다 재미있던데 외워지는 구절도 있어. '놀라운 것은 형우의 혀였다.' 하하."

　"선생님 다하면 다른 인물들도 진단해도 돼요? 진단해야 될 사람이 한 두 명이 아닌데 …"

　"등장인물 중 진단이 필요할 것 같은 사람들을 진단해보고 전지에 진단서를 직접 작성해주세요."

　학생들은 등장인물을 진단하기 위해서 매시간 들춰보았던 『우상의 눈물』을 또 자세히 읽으며 등장인물의 행동과 병명을 어떻게 연결시킬지 찾는다.

　학교에서 문학작품을 읽을 때 가장 큰 장점은 함께 읽어 볼 수 있다는 점이다. 문학작품의 감상은 문학이 주는 아름다움을 느껴볼 수도 있고, 자신의 고민을 객관적으로 볼 수도 있으며, 우리가 미처 알지 못하는 사람들의 생각과 삶도 이해할 수 있다. 이렇듯 같은 작품 속에서 다양한 감상을 할 수 있는데 교실 안에서 40명의 생각과 감상이 있다면 얼마나 풍부한 감상을 나눌 수 있을까?

　하지만 실제 교실 현장에서는 40명이 읽고 싶은 독서의 욕구가 다르고 시간과 공간의 제한이 있기 때문에 생각만큼 문학작품을 읽고 그 감상을 나누는 일이 쉽지 않다. 또한 교과서에 단편 소설의 전문이 실려 있지 않고, 무엇보다도 학생입장에서는 문학작품 읽기가 시험과 관련되어 있기 때문에 편안하게 감상적 시각에서만 소설을 보기도 쉽지 않을 것이다.

　그 동안 국어시간에 소설 읽기는 발췌된 부분을 읽거나 선생님의 설명을 듣는 등 강의로 이해했다면 독서시간의 소설 읽기는 소설을 읽고 함께 감상해보는 목표를 정했다.

　고등학교 2학년 문과학생들을 대상으로 했기 때문에 두 시간을 이어서하는 연강시간(블럭수업)이 있어서 실제적인 읽기 및 감상을 할 수 있는 충분한 시간을 가질 수 있었다. 또한 소설을 제대로 감상하지 못하는 이유를 시험에 대한 부담감으로 보고 이해와 감상에만 초점을 두는 평가계획도 세웠다. 이야기할 거리가 많은 소설을 선정하기 위해 줄거리와 작가의 의도가 드러나는 소설보다는 회상이나 생각이 오가는 장면이 등장하는 복합적인 구조의 소설을 선정했고 학생들 스스로 그 소설을 재구성하며 읽어가는 방법을 터득하도록 했다. 그리고 소설의 숨겨진 의도, 상징하는 바를 다양하게 논의될 수 있는 소설을 선정하여 다른 사람과 생각을 비교하며 읽는 즐거움을 느끼길 바랐다.

그렇게 선정된 단편 소설 중 하나인 『우상의 눈물』은 학생들에게 친숙한 교실을 배경으로 벌어지는 일이다. 겉으로 보면 친구들을 힘으로 누르고 이용하려는 기표라는 나쁜 학생이 담임 선생님과 반장을 비롯한 학생들의 관심으로 교화되는 과정으로 보인다. 하지만 반장인 형우와 선생님의 관심과 사랑은 다른 목적을 위한 수단이다. 겉으로 보이는 소설의 줄거리만을 파악하면 이 소설은 제대로 된 감상을 할 수 없다. 소설 속에 등장하는 형우와 선생님, 기표의 대립되는 폭력의 모습들, 그리고 인물간의 관계들을 제대로 읽어내야만 소설에서 말하고자 하는 메시지를 읽을 수 있다. 『우상의 눈물』은 교실 속 이야기란 점에서 학생들의 흥미를 쉽게 끌어낼 수는 있지만 소설 속에서 말하고자 하는 내면의 메시지를 읽지 못하면 제대로 된 감상을 할 수 없다. 처음부터 깊은 감상을 하지 못하는 학생들에게 다양한 관점의 읽기 과제인 목표를 활동으로 제시해 주었고, 그에 따른 답은 소설 속에서 찾아볼 수 있도록 했다.

과제를 해결하기 위해 학생들은 책을 여러 번 읽어야만 했고 조별 토의를 통해 활동의 답을 찾기 위해 서로 다른 생각을 정리해보는 시간을 가졌다. 이렇게 정리된 조별 토론내용은 전지를 준비하여 정리하고 발표하며 반 친구들과 감상을 나눌 수 있도록 진행했다.

가. 질문을 만들며 책장 넘기기

『우상의 눈물』을 읽기 전, 학생들에게 책을 읽으면서 질문을 만드는 과제를 제시했다. 책읽기 활동을 진행하도록 했다.

학생들이 '질문 만들기' 활동을 활용하여 책을 꼼꼼하게 읽어볼 수 있도록 하기 위함이었다. 질문 만들기 활동은 과제를 수행하면서 책의 내용을 끝까지 집중해서 읽을 수 있도록 해준다. 하지만 질문을 만드는 결과물에만 집착하다보면 책읽기에 몰입하지 못하는 경우도 있어 두 가지 방식으로 '질문 만들기' 활동을 제시했다. 처음에는 책을 읽으면서 자신이 읽다가 이해가 안 되거나 잘 모르는 부분을 대화하듯 질문으로 만들어보도록 하였다.(읽기 중 활동) 그리고 두 번째 질문 만들기는 끝까지 다 읽은 후 자신이 읽은 내용 중 중요한 사건이나 내용을 질문으로 만들어보는 것이었다.(읽기 후 활동) 읽으면서 만든 질문과 읽은 후 질문은 다른 성격을 띤다. 읽으면서 하는 질문 만들기 활동은 책읽기의 집중력을 높여주고, 책에 대한 자신의 이해도를 점검해볼 수

있다. 반면 읽은 후 질문을 통해서는 책에서 읽어내야 할 주제, 주요 사건을 확인할 수 있게 해준다.

개인별로 질문 만들기 활동이 끝난 후에는 조별로 모여 중요하다고 생각되는 질문을 20개로 요약하는 시간을 갖는다. 처음 해보는 '질문 만들기'는 선생님이 원하는 질문이 무엇일지 궁금해 질문 선택의 기준을 묻기도 하는데 이 활동의 목표는 학생들의 책에 관한 궁금증을 높이고 책의 내용을 잘 이해하기 위한 것이므로 철저하게 조별협의에 맞추어 선정하도록 한다. 조별로 문제를 선정한 뒤에는 그 문제를 풀어보며 책 내용을 다시 점검해보는 시간을 가졌다. 그냥 문제를 풀어보면 시험 보는 것과 별반 다르지 않을 것 같아서 조별로 자신이 선정한 문제를 내어 20개의 문제를 가장 많이 지우는 조가 이기는 게임형식으로 진행했다. 조별로 20개의 질문을 선정하고 돌아가면서 한 조씩 문제를 출제하면 조별 퀴즈 대항전처럼 퀴즈를 맞힌다. 출제하는 문제가 똑같은 경우에는 질문을 지울 수 있고, 문제를 맞히면 문제를 출제할 수 있는 기회가 주어져 질문을 지우는데 유리해 질 수 있다. 이렇게 문제를 풀어가면서 책 내용 함께 할 수 있도록 했다. 우리 조에서 낸 문제를 다른 조가 맞히지 못했을 때의 희열과 다른 조의 문제를 거침 없이 맞히고 난 후의 환희로 교실 안의 열기는 굉장했었다.

나. 등장인물을 동물에 비유하며 소설 속 인물의 관계 읽어내기

질문 만들기로 소설의 줄거리를 파악했다면 다음 활동은 등장인물에 대한 탐구를 해보는 것이다. 이 활동은 등장인물들이 처한 상황과 특징을 알고 등장인물의 관계를 파악하는 활동으로 소설 안에서 등장인물들의 관계가 한

눈에 상징적으로 볼 수 있도록 동물에 비유하여 설명해보도록 했다. 등장인물을 동물에 비유하는 활동을 통해 학생들은 등장인물의 관계를 중심으로 소설을 다시 읽어보게 되었고 자신이 비유한 동물을 친구들에게 설득력 있게 전달하기 위해서 소설 속 장면과 대사, 등장인물의 행동을 구체적으로 연결지어 설명했다. 이 과정을 통해서 학생들이 소설 속을 어떻게 이해하고 있는지 교사는 점검할 수 있었고, 학생들은 형우가 베푸는 사랑에 대해 긍정적인 입장과 부정적인 입장으로 나뉘어져 자연스럽게 토의를 할 수 있었다. 이러한 과정은 학생들의 소설에 대한 관심을 더 이끌어 낼 수 있었다. 그리고 소설 속 장면에 대한 의문, 기표의 마지막 대사의 뜻, 기표에게 맞아준 형우의 의도 등 소설을 읽으면서 궁금한 점을 질문하기 시작했다. 선생님들은 문학작품을 읽고 질문하러 오는 학생들과의 대화를 나누며 정답을 알려주진 않았다. 앞으로 진행될 활동들이 학생들이 그 답을 깨닫게 되는 시간이 될 거란 예고를 통해 수업에 대한 기대를 심어주기만 할 뿐이었다.

다. 영화를 통해 소설의 주제 읽기

학생들에게 소설 속 주제를 직접적으로 알려주지 않고 깨닫게 해줄 수 있을까?『우상의 눈물』을 함께 지도했던 선생님들의 고민이었다.

책 내용과 인물들의 관계를 파악하면서 학생들은 이 소설이 말하고자 하는 바에 대한 궁금증이 생겼고, 그것을 학생들이 자연스럽게 이해하는 활동으로 이어지길 바랬다.

현실을 비유하여 이야기로 말하는 소설처럼 학생들에게 주제를 간접적으로 알려줄 수 있는 활동을 고민하며 교사대신 소설의 주제를 말해줄 자료를 찾아보게 되었다. 『우상의 눈물』과 비슷한 주제를 담고 있으면서 말하려는 의도를 바로 알 수 있는 직접적인 이야기로 학생들이 쉽게 볼 수 있는 영상 매체를 활용하고 싶었다.

소설과 비슷한 영상매체를 찾던 중 『우리들의 일그러진 영웅』과 같은 주제의 소설은 오히려 학생들의 흥미를 떨어트릴 수 있었다. 그리고 오래된 작품은 학생들에게 과거의 이야기를 들려주는 것 같아 최근 상영된 작품 중에서 선정했다. 꼭 들어맞지는 않지만 생각한 여러 가지 의도와 가장 근접하게 맞아 떨어지는 〈소수의견〉이란 영화를 선택했다. 영화를 보기 전 책 속 인물들과 비슷한 인물을 영화 속에서 찾아보는 과제를 내주었다. 영화 〈소수의견〉은 강제철거 현장에서 아들을 잃고 경찰을 죽인 철거민의 변론을 한 변호사가 맡게 되면서 벌어지는 일로 국가가 책임져야 할 사건을 개인의 희생으로 뒤집어 씌우려 하는 국가에 '100원 국가배상청구소송'이라는 과감한 선택을 하고 국민참여재판을 이끌어내 사회적 주목을 받는다. 국가를 위해 진실을 은폐하려는 자들과 국민을 위한 의지가 더 중요하다는 이들의 대립을 보며 학생들은 소설 속 이야기를 다시 생각해 보게 된다. 소설과는 다른 영화 속의 통쾌한 장면에서는 박수를 치기도 하고, 인물간의 대립에는 긴장하기도 하는 등 한 시간 동안 영화를 즐겼다.

수업시간을 고려해 한 시간 정도로 편집된 영화를 본 후 학생들은 소설과 영화 속의 비슷한 인물을 연결 짓는 토의 활동을 했다. 그리고 비슷하다고 생각하는 점을 소설 속의 장면이나 대사를 인용해서 설명하도록 했다. 만약 『우상의 눈물』과 똑같은 구조와 주제를 담고 있는 소설이었다면 정답이 있어서 그 답을 맞히려고 노력했지만 묘하게 비슷한 내용이 학생들에게 더 논란거리를 주었다. 이 논란은 결과적으로 자신의 생각이 옳다는 것을 주장하기 위해 다시『우상의 눈물』을 펼쳤고 대사들을 인용하면서 영화가 중심이 아닌 소설로 다시 돌아오는 계기가 되었다. 인물을 비교한 뒤 소설 속에서 말하는 '기표가 두려워 한 것이 무엇일지'를 다시 생각해 보도록 했다. '누군가를 마음대로 조정하려고 만드는 것', '권력의 힘' 등 학생들은 학생들의 언어로 소설 속 주제를 자연스럽게 책의 장면과 연결지어 이야기 했고, 기표의 두려움을 이해해 갔다.

소설 속 주제를 탐구해가는 과정에서는 교사가 정답을 이야기하기보다는 조원들의 발표를 들을 때 학생들에 의해서 판단되었다. 학생들은 각 조에서 이야기하는 주제들이 논리적으로 타당한 근거라면 동의하며 고개를 끄덕거리는 모습을 보였고, 이해가 되지 않으면 거침없는 질문으로 잘못된 점을 꼬집었다. 그러면서 소설 속에서 하나의 주제가 정답이 아닌 논리적인 관점을 본다면 다양한 주제도 나올 수 있다는 것을 깨닫게 되었다.

라. 진단서를 통해 인물에 대해 평가하며 읽기

소설을 깊이 있게 읽다보면 학생들은 자연스럽게 소설에서 말하고자하는 사회적 문제들을 생각하게 되고 해결방법을 논의해보고 싶어 한다. 소설의 마지막 장면에서 충격을 받고 떠난 기표를 통해 이 상황을 진단하고, 해결방법을 생각해보기로 했다. 소설 속에 몰입된 학생들이 많아서 문제를 제시하기보다는 상황을 던져주기로 했다. 의사가 되어 소설 속 인물에 대한 처방전을 작성해보도록 하는 것이었다. 처음에는 선생님이 내준 기표의 진단서를 작성해보던 학생들이 다른 제안을 했다. 다른 인물들도 문제가 있는데 기표만 진

단을 받고 치료를 받는 건 진정한 해결이 될 수 없다는 이야기를 했고 그래서 모든 등장인물의 처방전을 써보기로 했다. 사실 사회적 문제들은 누구 한 명의 잘못으로 개선될 수 없기 때문에 모두의 진단과 처방이 필요하다는 것이었다. 학생들의 의견에 동의하면서 문학수업을 진행하던 첫 시간이 떠올랐다. 조별 활동을 두려워하던 소극적인 학생들이 적극적인 모습으로 변했고 자신이 원하는 독후활동을 제안하는 모습을 바뀌어있었다.

진단서를 쓸 때 의사가 아니기 때문에 병명을 쉽게 떠올리지 못했지만 창의적인 병명들을 인정해주자 학생들은 생활 속에서 자신들의 생활과 연결 지어 병명들을 만들어갔다.

| 수 업 후 마 무 리 하 기 |

이 수업을 다른 국어선생님들에게 설명하거나 공개할 때 가장 많이 받았던 질문이 '학생들에게 소설을 어떻게 읽혔나요?'라는 질문이었다. 문학수업

을 담당하는 교사들이 고민스러워하는 부분이 학생들이 소설의 감상보다 소설 읽기라는 것을 알게 되었다. 『우상의 눈물』을 읽으면서도 학생들은 처음부터 제대로 소설을 읽어내지 못했다. "기표가 여동생에게 보낸 편지에 무섭다는 했는데 기표가 무서워한 것은 무엇이었나요?"라는 질문이 들어왔다. "글쎄 뭘 무서워 한 걸까?"라며 질문을 슬쩍 다시 학생들에게 넘겼다. "그러게 뭘 무서워 한 거죠?" 대부분의 학생들도 궁금하다는 반응을 보였다. 처음 『우상의 눈물』을 읽을 때 겉으로만 소설을 읽은 것이지 깊이 있는 이해가 이루어지지 않은 것이다.

첫술에 배부르지 않듯 처음에는 단순한 줄거리를 파악하며 읽는 것을 시작으로 등장인물을 동물에 비유하기 영화를 비유하며 제시된 생각을 논리적으로 뒷받침하기 위해서는 소설을 다시 읽어볼 수밖에 없었고 그 과정이 반복 될수록 소설에 대한 이해는 깊어졌다. 소설을 깊게 읽어갈수록 학생들의 소설에 대한 감상은 자연스럽게 이루어졌다.

| 수 업 정 리 |

질문하며 책 읽기
- 조별로 질문 정리하기
- 조별 퀴즈대회를 통해 책 내용 파악하기

▼

등장인물 동물에 비유하기
- 등장인물의 상황과 인물과의 관계 파악하기

▼

영화를 통해 소설 주제 파악하기
- 영화를 감상 후 비슷한 책 속의 인물 선정 및 이유말하기

▼

등장인물 진단서 쓰기
- 인물의 상태를 평가하고 해결방법 생각하기

4.
스스로 읽는 독서동아리

독서토론·창의체험

| 동 아 리 엿 보 기 |

1) 누가 이 학생들을 춤추게 했을가?

　"선생님 저희 동아리 발표회 때 활동했던 내용을 노래로 개사해서 뮤지컬 형식으로 발표해볼까요? PPT 발표는 다들 하니깐 식상해요" 학생들의 참신한 발상도 놀라웠지만 동아리 활동 때 얌전하고 차분한 모습만 보였던 학생들의 제안은 반전 그 자체였다.

"그래? 선생님이 좋아하는 이승기의 '결혼해줄래'를 '함께 책읽어줄래'로 바꿔 불러주는 거야?" 농담처럼 받아주었는데 학생들은 분위기가 진지하다.

"아뇨. 싸이의 '나팔바지'에 맞추려고요. 이미 개사에 들어갔습니다."

"3일 동안 가사 개사하고 안무 연습하고 동영상 작업까지? 가능할까?"

퇴근 전 학생들의 계획을 들으며 반신반의했다. 크리스마스와 주말을 보내는 동안 학생들에게 한통의 연락도 받지 못했기 때문에 혹 '계획이 수정된 건가?' 하고 지레짐작할 뿐이었다. 출근하자마자 걱정반 기대반으로 연습실 문을 열었을 때 얼굴이 반쪽 된 동아리 대표의 얼굴이 먼저 들어왔다.

"도연아, 너무 힘들면 안 해도 돼! 무리하지 마!"

"선생님 힘들긴요. 저희가 한 활동들을 정리하는 게 너무 재미있어요. 크리스마스이브에 밤 10시까지 안무 연습하고 주말에는 동영상도 만들었어요."

"선생님 저희 이야기도 뮤지컬처럼 스토리가 있습니다. 이렇게 팬텀 가면도 준비했고요."

준비한 것을 한번 보자고 하니 발표회 당일에 보라며 등을 떠민다. 동아리 발표회 같이 중요한 활동에서 교사의 역할이 이런 문전박대라니 반갑기도 하고 스스로 준비하는 모습들이 대견하기까지 하다.

동아리 발표회 당일. 한 번의 점검도 해주지 못해서 걱정으로 가슴이 두근거렸다. 발표내용은 일 년 동안 열심히 읽은 책들과 체험활동, 공연을 이야기와 노래로 잘 녹여낸 한 편의 뮤지컬 같았다. 공연이 끝나고 커튼콜을 한 후 일 년 동안 동아리 활동의 의미를 편지글로 작성해 읽어 내려가는 학생들을 보며 독서동아리 안에서 많은 성장이 있었음을 느낄 수 있었다.

발표회를 마치고 학생들도 집중 받았지만 교사인 나도 많은 질문을 받았다. "학생들이 스스로 준비하고 활동할 수 있도록 어떻게 지도하셨어요?"

"저희는요… "

2) 자율독서동아리의 계획부터 진행까지

수업시간과 방과 후 시간에 배운 독서 방법을 바탕으로 학생들 스스로 책을 선택해서 읽고 토론하는 자율독서동아리를 계획하게 되었다. 교사가 주체가 되어 핵심요소를 짚어준다면 그것은 학생들에게 '읽히는 독서'가 된다. 그러나 '읽히는 독서'가 아닌 '읽는 독서'가 된다면, 즉 학생의 자발적 참여에 의한 읽기가 된다면, 틀에 박힌 관점에서 벗어난 창의적인 독서를 할 수 있다.

자율독서동아리를 만들기 전 어떤 식으로 진행하면 좋을지에 대한 고민을 수없이 했다. 학생들에게 토론 진행에 대한 일정한 틀을 잡아주지 않으면 시시콜콜한 잡담들을 늘어놓다가 끝나는 일이 다반사이기 때문이다. 이런 점에 유념하여 학생들 스스로 진행하는 토론활동이 잡담이 아닌 의미 있는 활동이 될 수 있도록 하기 위한 방안에 초점을 두고 토론활동을 계획했다. 독서토론을 혼자 진행해야 할 학생들에게도 새로운 도전이 되겠지만, 그 활동을 계획하는 나 역시도 큰 도전이었다.

학생들을 모집해보니 문·이과 학생들이 골고루 섞여 있어서 책을 선정하는 일부터가 난제였다. 성향이 다른 학생들에게 자신의 기호와 성향을 고려하지 않은 책이 공통으로 주어진다면 그만큼 가혹한 일이 또 있을까? 토론을 시작하기도 전에 흥미를 잃은 학생들이 동아리를 떠날지도 모르겠다. 게다가 각자의 성향과 개성을 무시한 책을 읽게 하는 건 애초부터 나의 동아리 창단 목적에 부합하지 않는 것이었다. 결국 동아리 학생들에게 자신이 좋아하는 책을 선택할 기회를 주고 그 책의 내용 중 동아리 친구들과 논의하고 싶은 내용을 선정하여 그것을 토론 주제로 만들어 보게끔 했다.

자신이 선정한 도서라고 해도 그것을 친구들 앞에서 소개하기란 생각만큼 쉽지 않다. 또한 토론 주제까지 정해 와야 한다니… 어떤 일이든 심적 부담이 생기면 중도 포기자가 많은 법! 그래서 준비한 것이 독서 오리엔테이션이다. 방법을 모른다면 그 방법을 직접 보여주면 된다. 과거 도제식 교육의 효과에서도 알 수 있듯이 직접 보는 것이 훨씬 효과적이다. 백문이 불여일견이라는 말도 괜히 생겨난 것이 아니지 않은가. 독서 오리엔테이션은 3주간 진행되었다. 3주 동안 학생들은 자신이 선정한 도서를 읽고 멘토 활동을 준비했다. 독서토론 동아리에서 멘토는 선정해 온 책을 소개해 주는 소개자의 역할과 소개한 책 안에서 토론 주제를 제시하고 토론을 진행하는 사회자의 역할을 수행할 수 있어야 한다. 그 역할을 충분히 수행할 수 있도록 난 여러 성향과 방법을 가진 멘토의 모습으로 빙의하여 그 모습을 여실히 보여줬다.

영상 활용이 탁월한 멘토가 되어 시범 보이기

"오늘 내가 선정한 책은 광고와 관련된 책인데 먼저 책을 보기 전에 광고를 통해서 이 책에서 말하고자 하는 것을 추론해볼 거야. 우선 5가지 광고를 보여줄게. 무엇을 광고하는지 맞추는 사람에겐 선물도 줄 거야."

"머릿결을 강조하고 있는데? 샴푸 광고?"

"빗 아냐? 하긴 머리빗을 팔려고 광고를 만들진 않겠지?"

"땡! 땡! 다른 의견 없어?"

"모르겠는데…"

"머릿결에 집중하고 샴푸 광고라고 오해하는 사람들이 많은데, 이건 헬스장 광고야. 사람의 뒤태가 중요하다. 그러니까 운동해서 아름다운 뒤태를 만들어보라고 권유하는 광고! 다들 너무 생각의 폭이 좁구만! 한 면만 보고 생각하지 말고 여러 면을 보려고 노력해야지. 책을 볼 때도 마찬가지야."

"우리가 살펴 본 다섯 가지 광고들을 보면서 광고가 가지고 있어야 할 중요 요소들이 무엇일지 말해보자. 이 저자가 강조한 광고의 요소들과 비교하면서 읽으면 더 흥미롭겠지? 전문가의 생각을 맞춰 볼 사람?"

학생들의 관심이 집중된다. 이때가 기회다 싶어 책 속에서 중요하게 뽑아내야 할 요소들은 무엇일지 생각해 보게 한다. 영상을 통해 끄집어낸 질문이 어떤 사람에겐 의미심장하게 와 닿길 기대하며…

말꼬리 잡고 늘어지기 좋아하는 멘토가 되어 시범 보이기

'과학자에게 사회적 책임을 물을 수 있을까?'라는 질문에 자연스럽게 학생들의 토의가 시작된다.

"과학자에게 사회적 책임을 물었다면 과학기술이 이렇게 발전했을까?"

평소 생각해보지 못했던 주제들이라 학생들의 반응이 소극적이다.

"이 책에 나오는 '맨허튼 프로젝트'를 보면 과학자들은 자신이 핵무기를 개발하고 있는지 몰랐다고 하는데 이 말은 어떻게 생각해?"

토론 주제를 체감하지 못하는 학생들을 위해 책 속의 장면을 실제 예로 들어준다.

"핵무기를 만들 재능과 지식이 있는 과학자들을 속이면서 핵무기를 만들 순 없다고 생각합니다. 이미 그 사람들은 자신이 무엇을 만들고 있는지 알고 있었을 걸요?"

"그렇다면 무기를 발명해서 많은 사람들을 죽음으로 몰아넣은 과학자들에게 발명에 대한 책임을 물어야하는 걸까?"

"과학자들에게 발명을 했다고 그 책임을 묻는다면 누가 발명을 하겠어요? 사람들에게 편리함을 주기 위해 새로운 기술들을 발명하는 건데, 그 기술을 악용한 사람들 때문에 그 책임까지 져야 하는 건 정말 아니라고 생각합니다."

"난 문과생인데 종종 '과학은 정말 중요해'라는 말을 들을 때마다 빈정이 상하더라. 과학도 사회와 관련이 있고 아무리 중요하더라도 그 결과가 좋지 않다면 그에 대한 책임을 져야 한다고 생각해. 좋은 결과가 나오면 그걸 개발한 과학자가 칭찬을 받잖아? 그럼 반대의 경우에도 마찬가지 아닐까? 자신의 발명이 사회에 어떤 영향을 미칠지는 발표하기 전에 신중하게 더 생각을 했어야지."

"빈정상했다는 건 개인적 감정 아닌가요? 논리적인 근거를 들어 토론하길 바랍니다."

독서 오리엔테이션을 통해 학생들은 멘토와 멘티의 역할이 무엇인지 정확하게 알게 되었고 학습한 내용을 토대로 도서를 선정하고 멘토링 활동지를 작성했다. 멘토링 활동지는 책을 읽고 독서 멘토 역할을 준비할 수 있도록 도와주는 가이드 역할을 했다. 학생들은 비교적 신중하게 자신의 멘토 활동지를 작성했고 부족하다 싶으면 교사와 면담을 통해 수정과정을 거쳤다. 멘토 활동지는 멘토링 활동에 대한 계획을 논의하기 위한 자료에 불과한 것이므로 메모형식으로 최대한 간략하게 적어오도록 했다.

이렇듯 멘토 지도에 공을 들인 이유는 멘토가 작성해오는 활동지에 담긴 책에 대한 참신한 생각, 토론 주제 등이 토론의 질을 결정할 중요한 요소라고 생각했기 때문이다.

1) 책의 간략한 내용, 2) 작가 소개, 3) 멘토링 계획
4) 토의·토론 주제 선정 및 그 이유, 5) 토의·토론과 관련된 예상 내용
6) 작가가 말하고자 하는 것

학생들이 멘토링 활동지를 작성하면서 가장 신경 쓰는 부분은 멘토링 계획과 토의 주제이다. 그렇기 때문에 이 부분에 대한 문의 사항도 많다. "선생님, 학생들이 제가 소개하는 책에 관심을 갖게 하려면 시작을 어떻게 해야 하죠?" "토론 주제가 좀 엉뚱해도 되나요? 전 심각한 거 말고 재밌는 거 하고 싶은데." 이런 학생들을 위해 다양한 매체를 활용할 것을 권장한다. 신문기사, 잡지 등의 인쇄매체는 물론 영화나 드라마와 같은 방송매체까지 책과 결부지을 수 있다면 어떤 자료도 괜찮다고 이야기 해 준다. 멘토들이 준비해 온 자료는 추상적인 내용을 구체화시켜주는 것은 물론 책 속의 내용을 자신의 삶으로 끌어갈 수 있게 도와주는 매개 역할도 해 줄 것이다. 토론 주제 정하기를 어려워하는 학생들에게는 토론을 했을 때 예상되는 찬·반의 의견을 적어보도록 했다. 자신들이 선정한 주제가 토론 주제로 적합한지의 여부를 미리 검토해 보기 위한 활동이다. 이렇게 정리한 예상 답변은 토론을 진행해야 할 사회자에게 유용한 자료가 된다.

멘토링 활동지를 완성한 후 친구들에게 나누어 줄 활동지를 만든다. 멘토

링 활동지를 참고하면 활동지는 어렵지 않게 만들 수 있다. 활동지에는 책 소개와 함께 중요한 질문 몇 가지를 넣는다. 미처 책을 읽어오지 못한 학생들을 위해 중요 내용을 발췌하여 싣도록 한다

심사숙고하여 준비한 멘토 활동지를 바탕으로 토론수업이 진행된다. 토론수업이 끝난 후에 멘토는 자신의 활동 소감이 적힌 멘토 활동지를 정리해서 제출하고 토론활동에 참여한 학생들은 동아리일지에 토론활동 내용과 소감문을 작성한다. 이런 일련의 활동이 진행되는 동안 내가 한 일은 많지 않다. 자율동아리라는 이름에 맞게 학생들의 활동이 지속적으로 이루어질 수 있도록 활동지를 검사하는 등 교사로서 할 수 있는 최소한의 역할만 소화할 뿐이었다.

3) 자율독서동아리의 올바른 진행을 위해 놓쳐선 안 되는 것들

책 보는 안목을 길러주기 위한 도서 선정 방법 지도하기

책 읽기를 좋아하는 학생들로 구성되었기 때문에 원하는 책을 골라서 읽어보라고 하면 좋아할 줄 알았는데 그 예상은 보란 듯이 빗나갔다. 그 원인은 자신에 대한 이해가 없었기 때문이다. 도서를 선정하기 위해서는 '나의 관심분야'가 무엇인지 알아야 한다. 하지만 학생들은 그것을 알지 못하고 있었다. 쉬운 것 같으면서도 어려운 '나의 관심분야!' 그것도 모르는 학생들에게 선생님은 한술 더 떠 평소 관심 있었던 분야의 책을 골라 오라고 했으니 다들 난감함에 몸서리쳤을 것이다. 책을 정해주는 것은 독서지도사로서 어렵지 않은 일이다. 때문에 책 선정을 어려워하는 학생에게 책을 골라줄 수도 있었다. 하지만 그렇게 하지 않았다. 학생들이 스스로 관심분야를 찾고 그에

맞는 책을 고를 때까지 기다려 주었다. 책 선택은 그렇게 하는 것이라는 것을 가르쳐주고 싶었기 때문이다. 학생들의 시행착오는 생각보다 컸다. 도움을 주지 않자 학생들은 인터넷을 검색하여 책에 대한 소개와 서평을 찾았고 그것도 어려우면 추천도서목록을 참고하여 맨 위에 랭크된 책을 골라왔다. 그렇게 선택되어 온 책들을 학생들은 몹시 버거워 했다. 하지만 자신의 선택에 책임을 지길 바라는 마음에 선정한 도서를 바꿀 기회를 주지 않았고 자신이 읽혀지는 범위 안에서 책을 읽은 후 멘토링 활동지를 작성해 오도록 했다.

"대학 전공서적인줄 모르고 골랐어요. 책이 너무 어려워요."

"토론 주제를 찾을 수가 없어요." 등의 이유를 늘어놓으며 학생들은 책을 바꾸기 위해 대단히 용을 썼다. 그러면서 학생들은 자연스레 책을 선택하는 방법을 배웠다. 선생님이 왜 자신의 관심분야를 먼저 생각하라고 했는지도.

기다림의 과정은 결코 쉽지 않았지만 기다림의 보람은 그만큼 값졌다. 학생들은 기특하게도 선생님의 도움을 받지 않고 자신의 관심분야를 찾고 그것에 걸 맞는 책들을 선정해오기 시작했다.

"선생님, 저는 이제 추천도서목록은 안 믿어요. 저번에 OO대학교 추천도서목록에서 골랐던 『리바이어던』을 읽느라고 죽을 뻔 했어요. 역시 제 수준에 맞는 책을 고르는게 좋은 것 같아요."

"난 『코스모스』 정말 그 책을 고른 내가 싫었어. 멘토링 활동해야 돼서 울면서 읽었는데… 이번엔 누가 좋다고 하는 책은 일단 제외야. 내가 직접 보고 정할거야."

학생들은 첫 번째 도서 선정과정에서 실패의 쓴 맛을 본 후 그 경험을 발판삼아 신중하게 도서를 검색하기 시작했다. 도서 검색 방법도 이전과는 확연히 달랐다. 우선 관심분야의 도서 정보를 검색해보고, 도서관에서 직접 책을 훑어보며 그 나름의 검증과정을 거쳤다. 이런 과정을 통해 학생들은 자신의 관심분야들을 조금씩 구체화하기 시작했고 좋아하는 도서목록과 작가들이 하나 둘 생겨나기 시작했다.

책에 대한 고민이 묻어나는 멘토 활동지 작성하기

책을 읽을 때 보통의 학생들은 책 정보를 의심 없이 받아들인다. 수용적인 독자인 것이다. 학생들의 수용적 독서습관은 평가와 관련이 있다. 알려주는 정보를 잘 습득해야 좋은 성적을 받을 수 있고, 배운 내용을 이해하기에도 벅차기 때문에 의문을 가질 겨를도 없다. 이런 학생들이 생각해 오는 주제는 대체로 진부하고 재미가 없다. 빈부격차, 대입제도, 환경문제 더 나아가 세계평화까지 100분 토론에서나 볼법한 혹은 전문가들이 패널로 앉아 있어야 토론이 될 것만 같은 심오한 문제들이 대부분이다. 무책임한 교사라고 욕먹을 수도 있겠지만 처음엔 토론의 찬반 근거나 예상 답을 무난하게 적어온 학생에겐 토론을 진행할 수 있는 기회를 주었다. 나 역시 독서수업을 할 때 야심찬 토론 주제를 준비하기 위해 열정을 쏟아본 적이 있던 지라 멘토들의 마음이 어느 정도 헤아려졌기 때문이다. 또 토론을 진행하고 나면 그런 보여 주기식의 토론 주제가 얼마나 버거운지 몸소 체험할 수 있으리란 생각 때문이었다.

학생들이 그것을 깨닫기까지는 그리 길지 않았다. 토론 후 남의 일처럼 여겨지는 토론 주제들은 친구들이 즐거워하지 않는다는 것을 알게 되고, 자신의 삶과 무관한 형식적인 토론 주제가 주는 피곤함이 무엇인지도 알게 된다. 반대로 자신들의 실생활과 관련된 토론 주제가 주는 유익함과 즐거움도 깨닫게 된다.

"선생님 지난 번에 과학적 진리의 객관성에 대한 토론을 했잖아요. 그때 토론은 토론단어에 대한 정의만 내리다가 시간 다 갔어요. '진리', '객관적'이란 단어들에 대한 제 생각과 토론자들이 생각이 달라서 그 개념을 잡다가 시간이 다 간 거 있죠? 그리고 과학적인 지식들이 동반되는 토론이다 보니 우리가 아는 것보다 모르는 게 많아서 힘들었어요. 이번엔 저희들 수준에 맞는 주제를 정해서 토론을 해야겠어요."

"맞아요. 전 찬반의견에 대해 조사를 덜해가서 겉핥기식 토론이 된 것 같아요. 이번엔 자료조사를 더 많이 해서 풍부한 토론이 되도록 할 거에요."

이렇듯 학생들은 토론을 직접 진행해보고 친구들의 반응을 보면서 자연스럽게 토론 방법을 습득하게 되었다. 이런 깨달음을 얻었을 때 교사는 학생들에게 조심스럽게 조언을 해 준다.

"다음엔 토론 주제를 선정할 때 책을 읽으면서 이 부분은 정말 궁금하다 하는 것이 있으면 그것을 토론 주제로 연결지어봐."

그렇게 만들어진 토론 주제는 남들이 보기엔 '이런 주제도 토론 주제가 될 수 있어?'라는 의문을 들게 할 수도 있지만 막상 토론에 임하다보면 책을 읽으면서 느꼈던 멘토의 고민에 공감하게 되고 고등학생이라면 한번쯤 생각해 볼 문제들에 고개가 끄덕여지는 것은 물론 토론에 몰입할 수 있게 한다.

더 좋은 멘토 만들기

토론 후에 멘토들은 멘토 활동소감문을 제출하고, 토론에 참여한 학생들은 토론소감문을 제출한다. 같은 책에서 뽑은 내용을 가지고 한 활동이지만 개인의 특성에 따라 다른 관점을 담은 활동지를 읽는 것은 매우 흥미로운 일이다.

멘토들의 소감문에는 열심히 준비하며 느낀 보람, 부족했던 것에 대한 아쉬움들이 담겨있다. 반면 멘티들이 제출한 동아리일지에는 멘토의 발표를 들으면서 새로 알게 된 사실, 그에 대한 고마움과 자신의 관점으로 재해석한 의견들, 내가 멘토였다면 선정했을 토론 주제 등이 적혀 있었다. 활동지를 읽으면서 모두의 아이디어들을 합쳐 하나의 완성된 결과물을 만들어 본다면 함께 하는 활동의 의미와 그 가치를 더 쉽게 알 수 있지 않을까? 하는 생각을 해 보았다.

자율독서동아리 활동을 바탕으로 쌓은 토론 노하우를 후배들에게 가르쳐 주도록 했다. 대상은 방과 후 수업을 듣는 예비 자율독서동아리 후배들이다. 낯선 후배들 앞에 선다는 걱정과 긴장도 잠시, 학생들은 그 동안의 경험을 바탕으로 자신 있게 토론을 진행해 나간다.

후배 멘토링은 기존에 발표했던 책 중 한 권을 선정해서 진행하도록 했기 때문에 새로운 책을 준비해야 한다는 부담이 없었다. 그 동안에 제출했던 멘토링 활동지와 활동일지를 살펴보며 책을 선정한 후 다시 모여 새로운 멘토링 활동지를 작성하고 발표 파트를 나누어 맡았다. 발표를 하지 않는 학생들은 후배들과 함께 앉아서 멘토링을 실시했다.

역시 혼자일 때보다 함께 할 때 그 내용은 더욱 풍부해진다. 학생들은 함께 머리를 맞대고 영화 보며 책 내용 유추하기, 퀴즈 맞추기, 앙케이트를 활용하여 기억 되살리기 등 다양한 방법으로 책을 소개하고 토론을 이끌어갔다. 후배들의 호응을 이끌어내기 위해 노력하는 모습이 굉장히 인상적이었다.

'어떻게 하면 토론 멘토가 될 수 있어요?' 멘토링 수업이 끝난 후 제일 많이 듣게 된 질문이었다. '반대쪽이었는데 선배의 이야기를 들으면서 찬성쪽 의견에 귀가 기울여졌다.'는 등의 토론 소감을 말하는 학생들의 얼굴은 토론의 열기를 여실히 전해주려는 듯 한껏 상기되어 있었다.

처음 계획과 달리 한번으로 끝내려고 했던 '후배와 함께하는 독서 멘토링 활동'은 학생들의 요구에 의해 계속 이루어졌다. 처음에는 대입이란 큰 숙제를 앞둔 학생들이 모임시간과 준비시간에 부담을 느끼면 어쩌나하는 걱정이 앞섰지만 그 걱정과 달리 회를 거듭할수록 학생들은 토론 활동에 대한 노하우가 생겼고 중요한 것에 집중하고 불필요한 활동을 줄여나가는 여유가 생겼다.

관점을 넓혀주는 다양한 체험활동

자율독서동아리 활동이 자리잡아 가면서 그 이름에 걸맞게 교무실 문턱이 닳도록 드나들던 학생들의 발걸음이 뜸해졌다. 학생들에게 모든 활동을 자율적으로 해 나가는 힘이 생긴 것이다. 그런 학생들에게 좀 더 넓은 세계를 경험하게 해 줄 기회를 주고자 체험활동을 계획했다.

책을 읽기 전 활동과 읽은 후 활동으로 나눈다면 내가 계획한 체험활동은 읽기 전 활동이다. 책과 관련된 다양만 매체를 접해보고 다양한 것을 느끼면 되는 휴식 같은 활동이다.

요즘은 도서관에서 하는 무료 강연, 전시회들이 많다. 때문에 도서관의 행사 정보를 잘 수집하면 많은 돈을 들이지 않아도 유익한 시간을 보낼 수 있다. 또 가까운 곳에 있는 문학관을 찾아 다양한 정보를 얻기도 한다. 그리고 메마른 감성 세포들을 살려내기 위해 다양한 공연관람도 시도한다. 연극 '셜록홈즈', 뮤지컬 '팬텀', '프랑켄슈타인' 등 일 년에 한 두 번 쯤 방학을 활용해 공연을 보러 다녔다.

체험활동 전에는 책읽기 등의 기타 과제를 주지 않고 최소한의 공연감상을 위해 필요한 정보만을 제공했다. 하지만 관람 후에는 과제가 있다. 인상 깊었던 점 느낀 점을 단체 SNS에 올리는 것이다. 공연을 보고난 직후엔 벅찬 감동들을 전하기 위한 글들로 SNS방이 활발하다. 생각지도 못했던 장면에서 깊은 감명을 받은 학생의 '멋지다'는 글 밑으로 너도나도 폭풍 댓글을 단다. 자신의 감상을 글로 잘 풀어내지 못하는 남학생들은 현란한 문장으로 자신의 감정을 표현한 여학생들 문장에 '나도 나도'라는 등의 공감의 댓글을 올린다. 이렇게 공연에 대한 감상을 나눈 후에는 그 내용을 바탕으로 소감문을 작성해서 제출하도록 했다.

학생들이 관람할 공연은 원작이 있는 것으로 선정했다. 공연을 본 후의 감상이 고스란히 책에 대한 관심으로 이어지도록 하게 하기 위함이었다.

처음에는 공연을 볼 때 거부감이 들지 않도록 학생들이 좋아하는 배우들이 나오는 공연을 선택하여 최대한 친숙하게 다가간다. 좋아하는 배우들의 공연에 마음이 열리면 스토리를 살펴보게 되고 원작과 비교해보며 연출자의 의도를 생각해보는 경지에 이르게 된다. 글과 소설 속 장면을 시각화해서 사람들의 마음을 두드린 작품들은 학생들의 뇌리에 깊이 남아 문학작품을 읽을 때도 그 장면을 쉽게 연상하게 해준다. 공연 관람을 하지 않고 『두 도시 이야기』와 『오페라의 유령』을 읽어 오라고 했다면 과연 몇 명의 학생들이 책을 읽어왔을까?

책과 관련된 공연관람은 우리들에게 신선한 자극을 준다. 처음에는 시간 내기가 어렵다고 하던 학생도 공연관람의 필요성을 느끼면 체험활동에 대한 의견을 적극적으로 내기 시작한다. 그리고 그것은 독서토론활동에도 자연스럽게 반영된다. 자율독서동아리에서 진행된 대부분의 활동들은 시작이 반이다. 학생들이 그 활동에 재미를 느끼고 나면 자발적으로 진행해 나가기 때문이다.

4) 자율독서동아리 활동을 마치며

동아리 활동이 가장 바쁘고 고통스러운 달을 꼽으라면 활동을 마치는 2월이다. 1년간의 활동을 글로 정리해 문집에 정리해야 하기 때문이다.

"선생님 동아리 활동 진짜 진짜~ 뭉클한데, 제 마음 아시죠? 그런데 글이 표현이 잘 안돼요."

"일 년 동안 책은 읽어서 글 보는 눈은 높은데 써놓은 걸 보면 초등학생 같아요."

겨울방학을 반납하고 도서관에 나와 머리를 쥐어뜯는 학생들.

"너희들 마감 날 안 지키면 진짜 동아리에서 이름 파 버릴 거야." 총괄하는 대표의 잔소리가 매서운 바람처럼 앙칼지다.

학생들이 제출한 글을 읽다보면 그동안 읽어왔던 책들과 비슷한 진로를 꿈꾸고 있음을 발견하게 된다. 『나미야 잡화점의 기적』을 통해 상담에 흥미를 느끼고 상담과 관련된 프로그램에 참여하게 되면서 진로를 확신하게 되었다는 학생, 엉뚱한 생각을 하는 것이 고민이었던 학생은 『위험한 과학책』을 읽고 자신의 생각이 과학적 사고의 기본이라는 것과 과학이 하나의 정답이 아닌 세상을 바라보는 다양한 시각임을 알게 되면서 고민하던 진로에 확신이 생겼다.

문집을 읽다보면 동아리의 시작부터 우리는 훈훈하지 않았다. 평소 친구를 대하듯 경쟁구도를 조성하고, 끼리끼리의 문화도 있었다. 하지만 첫 멘토링 수업을 마친 후 부족한 자신에게 낙심하게 되었고, 혼자서는 할 수 없다는 것도 알게 된다. 그때 신기하게도 보이지 않았던 친구의 장점이 눈에 들어온다. 토론 진행자의 마음도 읽어진다. 그러면서 참여의 의미를 알게 되고 타인의 이야기가 들려온다. 이제 동아리 활동은 서로를 격려하고 장점을 배우는 곳이 되고 자신들의 진솔한 이야기가 모인 문집은 책과 함께 성장한 자신의 성장 앨범이 되는 것이다.

5) 독서동아리 활동 정리

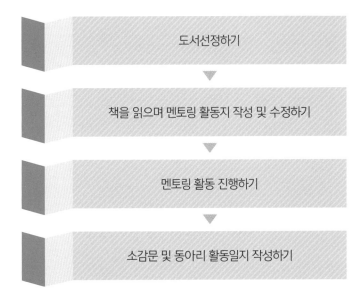

수업은 지식을 알려주는 것이 아니라 능력을 키우는 시간이어야 한다. 그런데 학생들에게 학교에서 배운 지식을 어떻게 활용하고 있냐고 물었더니 전혀 활용하지 않는다고 답했다. 자신의 지식을 활용해 본 적이 없고 어떻게 하는지조차 모르기 때문이다. 수업활동에서 너무 많은 지식의 전달이 이루어지다 보니 주는 것을 받아들이는 일에 급급한 나머지 스스로 궁금한 것이 없는 학생들이 되었다. 그래서 지식 활용 수업도 경험이 필요하다고 판단했다.

토론수업은 자신이 알고 있는 지식을 활용하고 체계화하여 상대방에게 전달하게 된다. 내가 알고 있는 것이 무엇인지 확인해야 하며 그것을 어떻게 조합하고 정리해야 상대에게 효과적으로 전달되는지 연구해야 한다. 그래서 결과를 도출하기 위한 과정을 학습자가 스스로 경험할 수밖에 없다. 교과 수업에서 토론학습은 지식과 활용 능력을 상승시키는 역할을 한다. 이런 내용은 토론수업이 지식활용 능력을 키우는데 가장 효과적이라는 점을 보여준다.

이번 장은 교과시간에 토론수업을 진행했던 사례다. 교과 내용을 수업하고 그 내용 중에 토론 주제를 선정하여 진행한 것도 있고, 수업과 연관되는 생활 속 주제를 연결한 것도 있다. 단일교과도 있지만 두 개 이상의 과목을 융합하여 진행하기도 했다. 융합 수업은 두 가지 이상의 교과를 융합하여 지식을 창의적으로 활용하는 모습이 들어있다. 학교에서 배운 지식을 과목별로 나누어 생활에 적용하는 것은 아니다. 그것을 융합하여 생각하고 사고하여 창의적인 아이디어를 찾아야 하는데 그런 경험이 없다보니 학생들은 학교에서 배우는 것들이 실생활에 아무 쓸모가 없다는 착각을 하기도 한다. 교과 융합 수업에 토론을 적용하며 스스로의 문제를 해결하는 모델을 찾아보기도 했다.

학교수업의 사례지만 학교 밖의 사교육에서도 얼마든지 사용 가능하다. 학교 밖에서 수업의 팁도 들어 있다. 이 책의 내용이 토론학습에 많은 도움이 되었으면 한다.

3장.

토론이 있는 독서

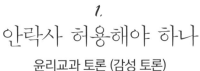

1.
안락사 허용해야 하나
윤리교과 토론 (감성 토론)

윤리교과 토론수업 : 개인과 사회의 갈등
1. 「아빠 나를 죽이지 마세요」 / 책과 콩나무
2. 「세상에 대하여 더 잘 알아야 할 교양21(안락사)」 / 내 인생의 책
3. 「밀레니엄달러 베이비」, 클린트 이스트우드 감독

| 수 업   엿 보 기 |

"안락사 금지는 개인의 인권을 보장하지 않는 것입니다."

"그렇다면 안락사를 허용하는 게 개인의 인권을 지키는 거라고 말하는 건
가요? 개인의 목숨을 사라지게 하는 것이 인권의 보호라고 말하는 건 맞지

않는 주장입니다."

학생들이 열띤 모습으로 토론을 하고 있다. 논리적인 근거를 사용해서 토론을 해야 한다고 알고 있기 때문에 냉철하고 이성적인 사고를 하려고 노력하는 모습이 보였다. 이어서 감성토론으로 들어간다. 논리토론에서 접근하지 못했던 사람의 감성을 자극하여 토론의 부족함을 채울 수 있다고 생각하여 시도해 본 것이다.

"지난 시간에 편지쓰기 숙제가 있었지요? 나의 가족 중에 안락사를 고민하는 사람이 있다면 나는 어떤 마음일지 편지에 마음의 표현을 잘 했을 거라고 생각해요. 발표할 학생은 나와서 자신의 편지를 읽고 그 내용에 대해 이야기해 봅시다."

'감성토론'이라는 이름으로 다른 학생이 쓴 편지를 듣고 느끼며 그 내용에 대해 서로의 의견을 말하거나 위로를 건네며 수업을 진행했다. '나의 할머니가 식물인간 상태로 5년을 누워 있다면 우리 가족은 어떤 선택을 해야 할까?', '삼촌이 죽음보다 더 한 고통을 못 견디겠다며 안락사를 원한다면 우리의 어떤 결정이 도움이 될까?' 다양한 상황을 설정하여 만약 나라면 어떤 생각을 하고 어떤 결정을 내렸을지 이전 토론과는 또 다른 입장에서 안락사에 대한 생각을 나누었다. 친구의 아픔이 느껴지는 편지의 내용을 들으며 상대의 의견을 반박하겠다는 논리적 토론의 분위기가 아니라 친구의 마음을 이해하며 위로해주고 싶은 감성을 자극하는 분위기가 생기면서 타인을 이해하는 이야기들이 많이 등장했다.

"너 많이 힘들겠다.""우리 할머니라면 안락사 결정하기 힘들었을 거 같아."

　윤리과목은 수능의 선택과목이 아닌 경우가 많다 보니 수업시간에 집중하는 학생이 적다. 가령 다른 책을 꺼내놓고 공부하는 학생부터 떠들거나 잠자는 학생이 있는 교실이 되기 십상이다. 이런 시간에 윤리과목과 연계된 독서토론논술 수업의 중요성을 인식시키기란 매우 힘들었다. 더구나 이과반 학생들이다보니 시사문제에 관심이 적었고 사색적이지 않았다. 이과 학생의 성향상 지식 정보와 데이터를 좋아하는 학생들이 많다 보니 인문학적인 접근을 어려워하거나 꺼려하는 학생들의 한계를 느끼기도 했다. 그래도 관심 있는 주제와 자신의 현실로 연결할 수 있는 주제가 있으면 몰입하며 수업에 빠져드는 모습이 있었다. 그래서 좀 더 보편적이고 어렵지 않은 주제를 선정하기 위해 교과서를 분석하여 도덕적 갈등 상황이라는 부분과 연계하여 사회와 개인의 갈등 주제인 '안락사'를 가지고 수업을 기획하였다. 안락사 문제는 토론에서 많이 논의되어 온 주제 중 하나이기에 학생들이 주제에 접근하기 쉽다. 또한 관련 영상 및 다큐멘터리 등의 방송자료뿐 아니라 다양한 시사 자료의 도움을 받을 수 있어 지식 정보와 데이터를 중시하는 이과생들에게 적합한 토론 주제라 생각했다.

　그래도 독서지도사와 함께 하는 독서토론이기에 무엇보다 토론을 위한 도서 선정에 좀 더 신경을 썼다. 도서를 선정하며 주제와 연계된 문학류와 비문학류 책을 한권씩 선정했다. 여기에 영화도 준비했다. 학생들이 좋아하는 도서와 읽기 능력에 따라 다양한 자료와 미디어자료가 적합한 효과를 발휘한다. 필독서와 영화를 모두 보면 좋겠지만 문학류를 좋아하는 학생, 비문학류의 이해가 빠른 학생, 미디어 보기만을 즐기는 학생들을 위해 다양한 자료를 보여주는 것이 필요했다. 안락사를 개념적으로 이해하기보다는 나의 문제로 접목하여 사고 할 수 있는 시간이 목표였다. 또 수업 이후에는 아직 보지 않은 자료에 대해 궁금증을 가지고 읽고 싶어지게 하는 것이 수업을 성공적으로 이끄는 방법이라고 여겼다.

| 수 업 들 어 가 기 |

본 수업은 윤리 수업시간에 윤리교사와 독서지도사가 함께 진행한 협력 수업(co-teaching)으로 먼저 윤리 교사가 교과 과정에 나오는 도덕적 갈등상황의 부분을 설명해 주었다. 학생들은 윤리교사의 설명을 들으며 도덕적 갈등상황 중 사회와 개인의 갈등이 주제로 다루어진다는 것을 알게 했다. 이미 수업시간에 배운 부분이지만 다시 한 번 내용을 확인하며 주제에 대한 관심을 끌어 올렸다.

이어 수업을 이어받은 독서지도사는 최근 안락사가 세계적으로 이슈가 되고 있다는 점을 말하며 학생들의 배경지식 및 상식적인 지식을 확인하는 질문과 발표를 진행했다. 이어 〈밀레니엄달러 베이비〉 영화 중 안락사와 연관 있는 부분을 함께 보았다. 영화를 다 볼 수도 있겠지만 주제에 몰입하기 위해 주요 편집 부분을 보았다. 영화매체를 위한 수업이 아니고 주제에 필요한 미디어 보기가 필요하기 때문이다. 안락사를 원하고 그것을 도와주는 장면을 보며 주제에 대한 막연한 생각을 구체화 할 수 있었다.

「아빠 나를 죽이지 마세요」는 읽은 학생이 20% 정도 되었다. 내용을 알아야 토론에 활용할 수 있기에 요약을 발표하게 했다. 소설로 만들어진 작품이기 때문에 일부를 읽어서 내용을 확인하는 것보다 요약으로 설명을 듣는 것이 읽지 않은 학생들이 이해하기 쉽다. 주인공이 말을 하지 못하지만 마음으로 죽이지 말아달라고 외치는 모습이 인상적이었다는 발표 학생의 말을 들었다. 「세상에 대하여 더 잘 알아야 할 교양(안락사)」은 비문학 도서이기 때문에 필요한 부분을 발췌하여 수업 중에 읽어주는 것이 효과적이었다. 치유되지 않는 질병에 힘들어 하는 환자가 안락사를 위해 정부기관에 탄원하는 내용을 같이 읽었다. 절반 정도의 학생이 책을 읽어왔는데 문학류보다 읽기에 편하고 글자의 크기가 크고 분량이 적어 접근하기 쉬웠던 것 같다.

앞의 두 자료를 통해 얻은 내용을 발판삼아 토론을 위한 바탕 수업을 마쳤다. 토론수업을 성공하기 위해서는 바탕 수업이 탄탄해야 한다. 그래야 토론의 자료가 생기고 학생들이 생각할 수 있는 논리의 근거를 마련할 수 있다. 바탕 수업을 기반으로 모둠 토론을 진행했다. 토론은 한 팀을 찬반으로 나누어 모둠으로 할 수도 있고, 찬성 모둠 반대 모둠으로 나누어 할 수도 있다. 먼저 모둠 별로 토의를 한 후에 대표가 자기 팀의 의견을 모아 발표하며 집단토론으로 연결 할 수도 있다. 토론이 마무리 될 때는 발표를 하며 다른 팀의 협의 내용을 알아보는 것이 중요하다. 다른 사람의 의견을 들어보는 것이 토론의 주목적이기 때문이다.

감성토론으로 논리토론의 부족함을 보충했다. 논리토론은 말을 잘하는 학생들에게 유리하다는 오해를 하는 경우가 있다. 어떤 학생들은 토론 할 때는 화를 내야 할 것 같다는 농담도 할 만큼 논리토론은 경직되는 분위기가 있다. 또한 이성적인 사고는 우리 생각의 일부분이므로 다른 쪽의 사고인 감성을 끌어내는 시간을 가졌다. 그래서 미리 안락사를 생각하는 가족이 되어 친구에게 하소연의 편지를 숙제로 내주었다. 그 편지를 발표하며 친구의 마음을 위로해주는 말을 하며 자연스럽게 이야기를 이어나갔다. 논리토론과 달리 안락사에 대해 좀 더 깊이 있는 감성을 느끼며 나에게도 생길 수 있는 일이라는 공감이 자연스럽게 생기는 분위기였다.

친구가 쓴 편지를 읽어준 후 편지를 읽은 친구에게 전하고 싶은 말을 하는 시간을 주었다. 할머니가 식물인간 상태로 3년을 병원에 누워 있다는 말을 들으며 학생들은 '정말 힘들겠다.' '친구야 힘들어 하지마.' 등의 이야기를 했다. 가족이 모여 회의를 했는데 의견이 엇갈려서 갈등이 생겼다는 말을 들은 후 '너의 의견은 무엇인데?'하며 물어보는 학생들도 있었다. 이성적 토론을 할 때는 나의 일이기 보다 남의 일이라는 생각 때문에 냉철한 판단을 할 수 있다. 그러나 그것이 나의 일이라는 생각을 하면 머리의 냉철함보다 가슴으로 공감하는 시간을 가질 수 있다는 점을 확인했다. 감성을 자극하는 것이 좀 더 사람의 마음을 열 수 있다는 점을 새삼스럽게 깨달았다.

토론을 마무리한 후 학생들이 기록한 토론기록장을 발표하며 오늘의 토론에서 새롭게 알게 되어 좋았던 점과 아쉬웠던 점도 발표하였다. 마무리로 안락사에 대한 처음 생각과 토론 이후의 생각이 바뀐 사람을 물어보았더니 절반 이상의 학생들이 생각이 바뀌었다고 했다. 토론이 가치관의 형성에 많은 영향을 미쳤다고 판단되는 상황이었다.

철학자 데카르트는 인간에게 이성이 가장 중요하다고 주장했다. 주입된 종교적 사고만 했던 시절을 벗어나기 위해 이성을 강조한 것이라 여겨진다. 그래서 유럽의 사고를 지배하던 이성이 오늘날 우리에게까지 영향을 미치고 있다. 이성적 사고가 과학의 발전을 이끌었고 오늘날 문명의 발전에 연결되기 때문에 이성이 전부인 것처럼 여겨지고 있다. 그러나 데카르트 이후 등장한 데이비드 흄은 정념을 강조하며 이성은 정념의 노예라는 주장을 했다. 정념은 감성, 욕망 등을 포함하는 용어이다. 동양의 철학은 이성을 강조하지 않는다. 이성과 감성은 나눌 수 있는 것이 아니라는 의견이다. 공자의 『논어』나 장자의 『도덕경』 등의 내용에서 이성과 감성이 어우러진 내용을 확인할 수 있다. 그래서 사람들은 이성적으로만 사고하지 않고 '이성은 관념의 하나이다.' 라고 말했다. 현실의 상황에서도 이성적인 대응과 대화보다 감성적인 교류가 문제의 해결에 도움이 되는 경우가 많다. 그래서 학생들의 수업에서도 논리적 토론과 감성적 토론을 같이 적용할 필요가 있다.

토론수업 후 마무리는 논술 쓰기가 일반적이다. 토론 이후에 논술문 쓰기

는 자신의 생각을 표현하기에 적합하다. 그러나 토론을 잘 했다고 논술문을 모두 잘 쓰지는 않는다. 그래도 토론이 없이 주제를 공부한 그룹보다는 훨씬 좋은 결과물이 나오는 것을 경험하였다. 토론을 진행하고 자료를 수집하면서 논리적 문장을 정리하게 된다. 이 자료는 논술 쓰기의 바탕이 될 수 있다. 관념적인 생각만으로 쓰는 것보다 자신의 생각을 정리하고 다른 이의 생각을 알아본 후의 논술문은 집약된 주제의 표현이 될 수 있다.

| 수 업 정 리 |

윤리 수업에서 주제 찾기
개인 vs 사회 (안락사)

▼

교과 내용 확인 및 토론 바탕 수업 (책, 미디어 자료 보기)

▼

논리 토론 (집단 토론/ 패널 토론)

▼

감성 토론 (편지쓰기, 나누기)

1. <뭉쳐야 산다> 안락사 활동에 대한 조별 토의 내용을 정리해보자.

조원들		
우리 조의 주장		
	주장	**근거**
우리 조의 주장과 근거		
	예상 질문	**예상 대답**
상대방 질문 예측하기		

2. <대표, 너만 믿는다> 팀별 대표들이 토론한 내용을 토론 기록장에 정리해보자.

	안락사 문제 찬성 의견	안락사 문제 반대 의견
주장과 근거		
질문과 대답		

생명존중 vs 죽을 권리

어머니는 폐암 검사를 하러 병원에서 조직검사를 받으시다가 과다출혈로 인한 뇌 손상으로 식물인간 상태에 빠지셨습니다. 어머님의 연세도 있으시고 평소 어머님 뜻에 따라서 무의미한 연명치료를 중단하고 품위 있게 돌아가실 수 있도록 병원에 요청했습니다. 하지만 병원 측에서는 이를 거부했습니다. 곧 이 일은 많은 사람들에게 알려져 기사화가 되었고, 저희는 어머님만 생각하고 단순하게 결정했지만, 기사화가 된 지금은 솔직히 이 문제에 대해 많은 갈등과 생각이 생겨나고 있습니다. 저희 가족들이 어떠한 결정을 내리는 것이 좋은지 당신의 생각을 알려주십시오.

― 안락사를 고민하는 가족 드림

저희 어머니는 78세입니다. 어머니는 이제 제가 가도 눈을 감고 일어나시지 않습니다. 어머니는 무슨 생각을 하시며 누워 계시는걸까요?
어머니는 폐암 검사를 하러 병원에서 조직검사를 받으시다가 파다출혈로 인한 뇌손상으로 식물인간 상태에 빠지셨습니다. 어머님의 연세도 있으시고 평소 어머님 뜻에 따라서 무의미한 연명치료를 중단하고 품위 있게 돌아가실 수 있도록 병원에 요청했습니다. 하지만 병원 측에서는 이를 거부했습니다.
곧 이 일은 많은 사람들에게 알려져 기사화가 되었고, 저희는 어머님만 생각하고 단순하게 결정했지만, 기사화가 된 지금은 솔직히 이 문제에 대해 많은 갈등과 생각이 생겨나고 있습니다. 저희가족들이 어떠한 결정을 내리는 것이 좋은지 당신의 생각을 알려주십시오.

-안락사를 고민하는 가족 드림-

안녕 친구야 잘지내?! 요즘은 우리할머니가 편찮으셔서 널만난적이 없구나.
우리할머니는 지금 뇌사상태에 빠지셨어... 우리 아버지와 어머니는 할머니가
이대로 살 바엔 안락사 시켜서 곱게 보내드리자고 얘기하고있어... 그런데 이게
과연 맞는 행위일까? 물론 아무것도 할수없는 할머니를부양하기에 비용이 많이들지.
그치만 돈이 많이든다고 할머니의 생명을 앗아가야될까..? 또 어머니와 아버지는
할머니가 살 가치가 없다고하셔.너무 고통스러워서 아니 고통스러워보여서
그러시겠지... 그치만 우리가 주위에서 자살하고 싶은친구를 말리는 이유는 뭘까?!
분명 자살하고 싶을만큼 고통스러울 텐데 우리가 말리는 이유는 산다는 것자체만으로
의미 있어서 그러는 것이 아닌가싶어... 내일 재판인데 난 통화가 안될으면
... 너에게 인후했어... - 너의 친구 신행이가 -

✎ 수업기획에서 『아빠 나를 죽이지 마세요』『세 더 잘 안락사』로 묶거나 『세 더 잘 안락사』와 <밀레니엄달러 베이비>를 묶어서 하는 것이 좋다. 문학과 비문학의 연계구성이 필요하기 때문이다. 세 가지 자료를 모두 할 수도 있지만 학생들의 시간이 여유롭지 못하기 때문에 쉽지 않다. 영화는 학생들이 미리 보고 온다는 전제에서 수업을 하므로 보조 자료로 사용해도 된다.

— 읽기 전(흥미유발)

1. 안락사에 대해 들어 본 적이 있는지 말해 보자.

> ## 김 할머니 사건
>
> - 2008.2.18 폐종양 조직검사를 받던 중 과다출혈, 저산소증에 의한 뇌손상으로 식물 인간 상태에 빠짐.
> - 2008.11.28 서울서부지법에서 존엄사 인정 인공호흡기 제거
> - 2009.9.30 연명치료 중단 100일째, 안정적으로 자발호흡하며 생존
> - 2010.1.10 김 할머니 별세로 끝
>
> - 국내 최초로 대법원에서 존엄사를 허용하고 연명치료를 중단
> - 식물인간 상태에 있는 김 할머니는 평소에도 연명치료를 중단 하라는 의견이 있었음.
> - 연명 치료 중단 후 200일 이상 생존 후 사망

위의 자료는 우리나라에서 안락사 문제로 생긴 사건이다. 이 글을 보고 생각을 나누어보자.

— 읽은 후(주제 확인, 수업활동)

1. 『세상에서 우리가 더 잘 알아야 할 교양21, 안락사』 책을 보았습니다. 안락사 문제가 알아야할 교양 중에 하나로 들어간 이유는 무엇일까요?

2. 『아빠 나를 죽이지 마세요』를 읽으면서 가장 인상 깊었던 부분을 쓰고 그 이유도 말해보세요.

3. 『세상에서 우리가 더 잘 알아야 할 교양21, 안락사』에서 안락사를 찬성하는 입장의 사례와 반대하는 입장의 사례를 소개하고 자신의 생각도 말해보세요.

4. 내가 만약 『아빠 나를 죽이지 마세요』에 등장하는 안락사의 대상자라면 어떤 선택이 본인에게 필요할지 생각해보세요.

5. 안락사에 대한 찬성과 반대 입장을 보고 자신의 생각을 정리해 보세요.

안락사 찬반 논쟁 — 찬성

삶의 질 문제	주변 사람들의 비용부담	자율성의 원칙 존중
인공호흡기를 비롯한 생명유지장치에 의존해 생명을 연장하고 있는 말기 중환자들의 삶의 질은 형편없이 낮다. … 만약 인간 생명이 신성 불가침 하다는 원칙을 내세워 우리가 이들로부터 품위 있는 죽음을 선택할 권리를 빼앗는다면 이는 매우 잘못된 것이다.	생명을 인위적으로 연장시키는 것은 환자 자신뿐아니라 가족, 의료진, 병원, 사회에도 부담을 주는 일이다.	모든 사람들은 자신의 운명을 스스로 결정할 수 있어야 한다. … 4가지 조건: 환자가 정신적·육체적 고통이 심할 경우, 환자가 판단 능력을 갖춘 경우, 환자의 생을 마감하고 싶다는 의사가 강요에 의한 것이 아니라 자율적으로 이루어진 경우, 환자의 요구를 들어주는 것이 다른 사람에게 해가 되지 않는 경우.

안락사 찬반 논쟁 — 반대

인간의 존엄성	안락사 오남용	가족의 의무
살인이 일급 죄악으로 여겨지는 이유가 인간생명의 존엄성, 생명 존중 사상에 기인한다고 할 때 안락사는 인간존엄성에 대한 중대한 도전이요, 비이성적인 자기파괴행위다. … ex. 1939년 독일 정부는 살 가치가 없고 사회에 부담만 주고 있는 정신병자들, 오랫동안 앓고 있는 노인들을 소멸시키기 위한 법률을 제정하여 275,000명을 죽였다.	의사가 환자를 죽이는 일에 적극적으로 개입하게 될 때 생기는 사회적 문제 안락사의 오남용, 의사에 대한 환자의 불신 등이 심각하다.	가족은 서로가 고통받을 때 그것을 인내하고 함께 이겨나가야 하는 공동체이며 그것이 가족간의 의무이다.

6. '안락사 허용해야 하나'의 주제로 토론해보세요.

7. 토론 후 자신의 생각을 글로 정리합니다. 논술문, 편지글 다 좋습니다.

2.
청소년에게 동성애란

사회교과 토론

사회교과 토론수업 : 다양한 삶의 모습
1.「두 엄마」무리엘 비야누에바 페라르나우 지음 / 낭기열라
2.「무지개 성 상담소」동성애자인권연대 등 지음 / 양철북

| 수 업 엿 보 기 |

"오늘은 모서리 토론으로 시작합니다. 모서리 토론은 주제에 대해 네 가지 선택의 예가 제시됩니다. 그중에 하나를 선택하여 교실의 네게의 모서리 중에 한 지점에 가서 모입니다. 선택한 이유를 설명할 수 있어야 해요. 지금부터 칠

판을 보고 자신의 의견과 비슷한 것의 번호를 선택하여 교실 앞뒤 모서리에 나누어서 모이세요." 여러분이 결정해야 할 논제는 다음입니다.

"내 친한 친구가 나에게 동성애자임을 고백한다면 나는 어떤 선택을 할까?" "아무 말도 하지 말고 몸만 움직이세요. 동성애자 친구가 나에게 사랑을 고백한건 아니니까 오해 하지 말고 선택하세요."

칠판에 4지선다형의 선택지(활동지 별첨)를 붙이고 학생들이 선택하여 모였다. '① 당장 절교한다'를 선택한 학생은 많지 않았다.

"친한 친구인데 절교하는 이유가 무엇인가요?"

"이상해요, 동성애자이면 친구하기 힘들어요, 가까이하고 싶지 않아요" 등의 다양한 답변을 했다.

4개의 답변을 선택한 학생들에게 질문하고 답변하며 선택한 이유도 물어보고 동성애자가 나의 가족이라면 선택이 어떻게 달라졌을지도 물었다. '동성결혼 합법화해야 하나'의 주제로 수업을 시작하면서 학생들의 흥미를 유도하고 주제에 대한 이해를 기대하며 15분 정도 진행하는 맛보기 토론이었다. 갑자기 어리둥절하며 학생들이 참여했지만 주제에 대한 흥미끌기는 효과적이었다.

"동성애가 아니라 동성결혼 합법화에 대한 토론입니다. 헷갈리지 말고 토론 주제를 잘 확인하세요."

| 수 업 준 비 하 기 |

사회교과와 연계된 토론수업을 위해 교과 내용을 살펴보던 중 다양한 삶

의 모습 단원에서 '동성애자의 문제'를 가져와 사회-독서 토론수업의 주제로 '동성결혼 합법화해야 하나'를 잡고 수업 준비에 들어갔다. 동성애자 문제는 청소년에게 다소 민감할 수 있는 주제로 이를 청소년들에게 수업을 해야 하는지에 대한 의견이 여러 가지로 나뉘고 있다. 동성애는 일부 사람들의 문제인데 공공연하게 독서수업에 등장시켜 아직 가치관이 형성되지 않은 학생들에게 잘못된 성에 대한 개념을 심어 줄 우려가 있다는 말을 하는 사람들이 있기 때문이다. 그러나 세계적인 추세는 성 소수자들에 대한 인권을 중시하며 동성결혼의 법제화를 추진하는 나라들이 많아지고 있다. 작년 미국을 방문한 가톨릭 교황은 동성결혼허가서를 접수하지 않은 공무원의 손을 잡고 용기를 잃지 말라는 격려의 말을 했다는 것이 세계의 뉴스로 전파되기도 했다. 이런 때에 아무 사전 이해도 없이 이러한 상황에 노출되는 학생들은 혼란이 올 수밖에 없고 잘못된 지식을 먼저 접하며 오해와 왜곡된 사고를 할 우려도 있다. 이러한 문제를 만들지 않기 위해 동성애에 대한 상식과 자신의 생각을 정리하며 자신의 가치관 형성에 도움이 되는 시간을 가질 필요가 있다는 생각으로 수업을 기획하였다. 학생들이 수업시간에 입을 열고 말하는 경우가 많지 않아 토론수업에서 학생들이 반응하는 모습을 보고 싶다고 말하는 선생님도 있었다. 토론수업을 하고 싶은데 학생들이 토론을 잘 하지 못할까봐 걱정이라고 말하는 선생님, 토론 주제와 맞지 않는 발언으로 토론 진행이 어려운 경우도 있다. 이런 문제를 고려하여 하나의 주제에 다양한 토론 모형을 적용하기로 했는데, 이는 다양한 토론 방식도 경험하고 주제에 대한 이해도 높이며, 모든 학생이 한 번 이상 토론에 참여 할 수 있어 효과적일 거라 여겼다. 또한 시간과 학생 참여 정도를 고려하여 모서리 토론, 회전목마 토론, 패널 토론으로 수업을 진행하기로 기획했다. 모서리 토론으로 주제에 대한 흥미를 유도하고 회전목마 토론으로 생각을 넓히며 패널 토론으로 주제를 심화시키는 효과를 주려고 했다.

모서리 토론

주제에 친근하게 다가올 수 있도록 4개의 선택지를 만든다.
학생들이 4개 중 한 번호씩을 선택하여 교실 네 모서리로 나누어 모인다.
진행자가 선택한 내용에 대한 질문을 한다.
질문과 답변을 하면서 중간에 자신의 선택을 바꿀 수 있다.
수업을 시작하거나 가벼운 주제로 짧은 토론을 할 때 적합하다.

회전목마 토론

학생들을 두 개의 겹쳐진 원으로 만들어 앉게 한다.
주제에 대한 찬성 반대 입장의 근거와 이유를 먼저 준비하게 한다.
짝과 찬성 반대의 입장을 확인하고 3~5분정도 토론을 진행한다.
같은 의견의 짝을 만나면 토의를 한다.
안쪽에 앉은 학생들이 일어나 세 개정도의 자리를 옮겨 다시 같은 토론을 한다.(3회 정도 진행)
토론의 내용을 기록하여 차후에 발표하는 시간을 갖으며 마무리한다.

패널 토론

패널을 선정한다.(입론, 정리 등의 역할을 미리 준다.)
패널에게 입론, 찬반토론 자료 등을 미리 준비하게 해서 점검한다.
토론시 나머지 학생들은 토론기록장을 쓴다.
찬반 토론시에는 패널이 아닌 학생들이 발언 할 시간을 준다.
마무리 하며 학생들에게 패널 평가의 기회를 준다.

동성애를 찬성하나 반대하나의 이야기는 이미 일반인에게 관심의 대상이 아니다. 거기를 넘어서 "동성결혼 합법화, 허용해야 하는가"의 주제로 접근하는 것이 더 현실성이 있다고 생각하여 이 주제로 접근하였다. 동성애를 할지 말지는 개인의 선택이지만 동성결혼 합법화는 사회적 합의가 필수적으로 선행되어야 하는 것이고 동성애자 이외의 사람들의 역할과 이해관계가 들어있는 문제이기 때문에 공감대 형성이 잘 될 거라고 기대하였다. 예상대로 학생들은 이 주제를 거부감 없이 받아들이는 분위기였다.

먼저 동성애와 관련된 책 찾기에 들어갔다. 일반적으로 독서 토론수업에서는 한 권의 도서를 읽고 그 책 안에서 토론의 논제를 찾거나 책과 교과를 연결하여 관련 주제를 찾아 토론에 임하곤 한다. 하지만 하나의 책만 으로는 학생들의 독서 동기를 끌어내기 어렵다고 보았다. 문학류와 비문학류에 대한 선호도에 따라 읽고 싶은 책이 달라지기 때문이다. 그래서 두 종류의 책을 선택하여 학생에게 제시하는 편이다. 비문학 도서『무지개 성 상담소』(양철북 펴냄)와 문학 도서『두 엄마』(낭기열라 펴냄), 이 책들은 균형 있게 지식과 감성을 자극하는 역할을 한다. 청소년 성 상담소에서 직접 상담을 한 경험을 바탕으로 쓴『무지개 성 상담소』는 동성애를 고민하는 청소년들의 상담을 기반으로 쓰인 글이기 때문에 생동감도 있고 동성애에 대한 지식도 많이 얻을 수 있는 책이다.『두 엄마』는 스웨덴에서 실제 동성결혼을 한 커플의 자녀가 자신의 경험과 부모의 이야기에 픽션을 섞어 쓴 것으로 소설류를 좋아하는 사람들에게 적합한 책이다. 나에게 엄마만 둘이 존재한다면, 친구들이 동성애 가족이라고 놀린다면 어떻게 반응할까? 아빠와 결혼했던 엄마가 동성결혼 합법화가 진행되자 자신이 동성애자임을 밝히고 아빠와 이혼 한 후 여성과 동성결혼을 한 사건이다.

활용도서를 다 읽으면 좋겠지만 학교에서 대그룹을 지도할 때는 학생들이 모두 읽어오기 어려운 경우가 많다. 그래서 주요 부분을 발췌하여 수업시간에 읽을 수 있는 시간을 주어야 한다. 필독서를 읽기 전에 우리 수업의 방향에 대해 먼저 소개하고 읽게 하면 학생들이 미리 주제를 알고 접근하기 때문에 내용 파악과 주제 이해에 도움이 된다. 그러나 다양한 시각으로 보는 것에는 도움이 되지 않는다. 사전에 아무 내용도 설명하지 않고 그냥 책을 보게 하는 경우 다양한 내용을 파악할 수 있고 자신만의 시각을 가질 수 있다. 책 내용을 이해하는데 제약이 없어 여러 가지 이야기를 선입견 없이 파악할 수 있다. 그러나 교사가 의도하는 내용을 파악하지 못하는 경우도 생길 수 있으므로 그룹의 특성에 따라 독서 전의 전략이 필요하다.

| 수 업 들 어 가 기 |

모서리 토론 후 자리로 돌아가서 선택의 이유를 정리하였다. 동성애에 대한 지식을 배우기 위해 '나는 동성애를 어떻게 생각할까?' 설문지(활동지 참조) 형식으로 체크하고 설명하며 동성애에 대한 지식을 넓혔다. 설문지 내용이 책에 나와 있는 부분이었기 때문에 반복효과도 있었다. 읽은 책에 대해 기본적인 내용 확인 작업과 내면화하기 활동을 하면서 주제에 대한 이해를 확인하며 학생들이 흥미를 가질 수 있는 시간을 가졌다. 문학 도서와 비문학 도서가 한권씩 선택되었기 때문에 문학도서로 감정이입을 하며 공감하기도 하고, 비문학 도서로 지식을 확인하며 학생들이 발표하고 질문하여 읽기의 효과를 확인했다.

도서를 읽은 후이기 때문에 동성애에 대한 나름의 생각을 갖고 들어 온 학생들이 좀 더 현실적인 이야기로 접근하기 위해 시사 자료로 동영상을 보았다. 김조광수 커플이 동성결혼식을 공개한 내용이었다. 공개적으로 동성결혼을 하는 모습을 보면서 이들의 주장을 확인했다. 동성결혼이 사회적으로 비난받는 분위기임을 알면서도 결혼식을 공개한 이유는 동성결혼 합법화의 이슈를 끌어내기 위함이었다는 인터뷰를 보면서 그들의 고뇌를 확인할 수 있었다. 또 논란의 균형을 위해 동성결혼에 반대하는 입장의 동영상도 보았다. 반대하는 이유를 보며 이전 동영상에서의 주장과 대립 되는 사람들의 의견을 확인하며 학생들도 자기 나름대로의 생각을 정리하는 시간을 주었다.

바탕 수업에서 정리한 자신의 생각을 기억하며 회전목마 토론의 준비와 형식에 대한 안내가 있었다. 토론 준비를 위해 먼저 자신의 주장에 관한 이유를 세 가지씩 정리하였다. 그래야 토론의 짝을 만났을 때 자신의 이야기를 조리 있게 할 수 있다. 미리 정리 노트에 기록하고 이유도 쓰고 나서 토론이 시작되었다. 토론을 하며 친구의 의견도 기록하고 질문을 정리하게 하였다. 3~4명의 친구를 만나 같은 주제로 이야기하기 때문에 겹치는 부분은 생략하였다. 혹시 짝을 만났을 때 같은 의견인 경우가 생기면 토의를 하였다. 이 과정을 통해 각자 좋은 의견을 모아 반대의견을 가진 학생들을 설득할 수 있는 설명 등을 모았다.

독서지도사의 설명에 따라 학생들이 회전목마 토론을 진행하며 자리를 정리하고 있다. 이 수업을 위해 사전 지식을 점검하는 수업을 했던 학생들은 토론을 위해 책상을 빼고 의자만으로 두 개의 겹쳐진 원을 만들며 분주하게 준비하고 있었다. 시간이 좀 걸렸지만 자리에 앉아 미리 준비한 자신의 의견을 정리한 교재를 보며 마음을 가다듬고 있었다. "앞에 보고 있는 짝과 동성결혼 합법화 찬반 토론을 하세요. 앞 사람과의 토론은 4~5분 정도 할 겁니다. 이후에는 자리를 옮겨 짝을 바꾸어서 다시 할거구요. 토론을 하다가 옆 친구들의 이야기가 재미있고 흥미로우면 같이 4명이서 토론해도 돼요."

토론의 형식과 주의사항을 알려주고 시작했다. 30명 이상의 학생들이 모두 입을 열고 토론하다보니 와글와글 소리가 교실을 가득 메우면서 매우 정신없는 상황이 되었다. 독서지도사와 사회선생님은 학생들의 옆에 가까이 접근하여 어떤 이야기들을 주고받는지 확인하며 돌아보았다. 가끔 말을 안하고 있는 팀들을 보면 무슨 이야기를 하고 멈추었는지 물어본 후에 계속 이어나갈 수 있는 조언을 주기도 했다. 4분 내외의 시간이 지나자 학생들의 소란스러운 소리가 줄어들며 교실이 잔잔해지기 시작하였다. 토론이 마무리 되는 분위기를 점검한 후에 우선 안쪽에 앉은 학생들은 자리에서 일어 선 후 오른쪽으로 3칸 이동하도록 하였다. 자리에 앉아 새로운 짝과 앞에서 했던 토론을 다시 시작하였다. 새로운 짝을 만나 다시 시작한 토론은 앞의 팀들보다 더 활발하게 진행하는 경우도 있었고 어떤 팀은 소강상태로 접어든 경우도 있었다. 간혹 어떤 학생들은 주제 파악을 잘못하여 '난 동성애 싫어' 라고 말하면 상대방 학생이 '이건 동성애 문제가 아니라 동성결혼을 법적으로 인정해줄 것인가의 문제야'라고 말하며 친구의 오류 부분을 수정해주는 친구들도 있었다. 이렇게 3회 정도 이동하면서 진행한 후 토론을 마무리하고 발표를 하였다. 토론하며 상대방 친구가 말했던 의견 중에 특이한 거, 좋았던 거, 이상한 거 등을 발표하라고 했다. 자신의 의견이 아니라 친구의 의견을 기록하고 발표하게 하니 좀 더 쉽게 접근하는 것으로 보였다.

패널 토론을 할 때는 패널의 준비가 중요하다. 패널이 자료 준비를 하고 사전 점검을 하고 시작하면 이미 같은 주제의 토론을 했던 학생들에게 주제를 심화하여 생각하는 시간을 주고, 시야를 넓게 해주는 효과를 발휘한다. 회전목마 토론에서 단편적인 의견교환만 했던 경우라면 동성애자 결혼 합법화의 사회적 영향이 일반인, 이성애자들의 생활에까지 영향을 미친다는 점을 알게 된다. 동성애자 결혼 합법화는 소수자들의 인권을 지키고 다양한 삶을 보장해주는 효과도 있다. 어느 선택이 옳다고 할 수 없는 주제를 가지고 다양한 생각을 할 수 있다는 점을 알려주는 시간이 되었다.

| 수 업 마 무 리 하 기 |

토론수업을 하고 나면 마무리가 중요하다. 학생들의 토론은 단편적으로 이루어지는 것이 많다. 상대방의 의견에 반박할 말이 없으면 상대가 이겼다고 하면서 토론이 끊어지는 경우가 있다. 이런 때에는 어느 부분에서 토론이 끊겼는지 물어보고 반박할 의견을 알려주면서 계속 토론이 이루어지도록 도와야한다. 학생들이 토론을 할 때 교사는 팀들을 주의 깊게 살펴보고 돌아다니면서 원활한 진행이 되는지 촉각을 세우면서 살펴야 한다. 토론이 끝나고 나면 토론 시에 있었던 내용을 발표하면서 우리 팀에서 나오지 않았던 내용을 확인하며 집단토론으로 이어가는 것이 필요하다 그래야 다양한 이야기를 들으며 내가 우리 팀이 생각하지 못한 의견을 확인 할 수 있다.

패널 토론을 할 때 학생의 발언이 주제와 맞지 않는 엉뚱한 내용인 경우

당황스럽다. 이런 때는 그 엉뚱한 내용이 왜 나왔는지, 주제와 어떤 연관이 있는지 다시 한 번 그 학생에게 질문을 한다. 설명을 들어 보면 연관성 있는 경우도 있다. 그래도 연관성이 없다면 관람하는 학생들에게 발언 기회를 넘긴다. 패널이 하지 못한 의견이 나오는 때도 있고 관람 하는 학생들도 집중하는 효과가 있다. 손을 드는 학생만 시키지 말고 뒤에서 소심하게 있는 학생들에게도 기회를 주어야 한다. 말을 못하면 교사가 가르쳐주면서라도 의견 발표를 하면 분위기 부드러운 수업이 될 수 있다.

| 수 업 정 리 |

사회 수업에서 주제 찾기
– '동성결혼 합법화 해야 하나'

▼

모서리 토론
– 주제 이해 및 흥미유발

▼

회전목마 토론
– 모든 학생 참여, 자신의 생각 정리

▼

패널 토론
– 주제 심화

주제 : 친한 친구가 동성애를 말한다면

▶ 아래 보기중 하나를 선택하고 선택한 이유를 쓰시오.

① 당장 절교한다. 이유:	② 그러지 않도록 설득한다. 이유:
③ 왜 진작 고백하지 않았는지 묻고 이해한다. 이유:	④ 그게 무슨 상관인가. 이유:

모서리 토론 모형

① 당장 절교한다. ☺ ☺ ☺ ☺	**교 탁**	② 그러지 않도록 설득한다. ☺ ☺ ☺ ☺ ☺ ☺ ☺ ☺ ☺ ☺
☺ ☺ ☺ ☺ ☺ ☺ ☺ ☺ ☺ ☺ ☺ ☺ ☺ ③ 왜 진작 고백하지 않았는지 묻고 이해한다.		☺ ☺ ☺ ☺ ☺ ☺ ☺ ☺ ☺ ☺ ☺ ☺ ☺ ☺ ☺ ☺ ☺ ④ 그게 무슨 상관인가

나는 동성애를 어떻게 생각할까?

『무지개 성 상담소』(양철북 펴냄)에서 발췌

1. 다음 중 맞는 말이라고 생각하는 문장 앞에 체크해 보세요.

☐ 에이즈는 동성애를 하면 걸린다.

☐ '호모, 동성애자'라는 표현은 동성애자에게 모욕적인 표현이다.

☐ 남자와 여자가 서로 사귀는 것은 자연의 섭리이다.

☐ 유럽에는 동성 결혼이 법적으로 인정되는 나라들이 많다.

☐ 동성애자가 된 사람은 성장과정에서 뭔가 문제를 겪었을 것이다.

☐ 레즈비언(여성 동성애자)은 남자를 싫어한다.

☐ 동성 부모 아래에서 자란 아이들도 이성 부모 아래에서 자란 아이와 차이를 보이지 않는다.

☐ 남성 동성애자들은 여성이 되고 싶어 하고 여성 동성애자들은 남성이 되고 싶어 한다.

☐ 동성애는 정신병이 아니며 정신과 치료의 대상이 아니다.

☐ 동성애자는 외모부터 뭔가 다르다.

2. 다음 중 여러분의 생각과 일치하는 문장 앞에 체크해 보세요.

☐ 나는 동성애자 동료와는 원만한 관계를 유지 할 수 없을 것이다.

☐ 옆집에 사는 사람이 동성애자라면 주변사람들에게 알리고 대책을 마련할 것이다.

☐ 내가 동성애자로부터 프러포즈를 받는 일은 불쾌할 것이다.

☐ 내 아이가 동성애자라는 것을 알게 된다면 아이를 치료하기 위해 노력할 것이다.

☐ 내 가족 중 한 명이 커밍아웃 한다면 가족의 인연을 끊을 것이다.

☐ 나는 동성애자들의 결혼을 용납할 수 없다.

☐ 나의 선생님이 동성애자라면 즉각 학교에 항의할 것이다.

☐ 성교육에서 동성애에 대한 내용은 불필요하다고 생각한다.

☐ 동성애자들의 인권 문제를 언론에서 접하면 불안한 마음이 생긴다.

☐ 나는 동성애자들의 모임이나 행사 홍보물을 보면 기분이 나쁘고 제거하고 싶다.

동성결혼 합법화 필요한가

▶ 아래 보기중 하나를 선택하고 선택한 이유를 쓰시오.

	나의 의견	친구 의견
주장과 근거 1차토론		
주장과 근거 2차토론		
주장과 근거 3차토론		

1. 수업 전

필독서 읽기

『두 엄마』

- 우리 집에 엄마가 둘이라면 어떨까요? 자유로운 의견을 말해보세요.
- 제목을 보고 처음 생각했던 것과 책의 내용을 비교해 보세요.

『무지개 성 상담소』

- 다른 사람과 나의 성에 대한 고민을 상담해 본 적이 있나요? 도움이 되었나요?
- 학생들의 성에 대한 고민을 상담해주는 곳이 있다면 이용해 볼 마음이 있나요?

2. 수업 중

필독서 내용 확인

- 「두 엄마」의 내용을 보고 동성애자 가족의 상황을 이야기해 보세요.
- 우리 주변에 동성애자의 사례를 본적이 있나요? 이런 사람들은 얼마나 있을지 생각해 보세요.
- 「무지개 성 상담소」가 있다는 것을 알고 있었던 학생 있나요? 이런 곳이 있다면 활용하고 싶은 가요?
- 동성애의 고민을 가진 친구들을 본 적이 있나요? 그런 친구가 있다면 어떻게 조언해줄까요? 자신의 의견을 말해보세요.

시사자료 이용 심화학습

- 우리나라의 동성결혼에 대한 내용이 뉴스에 나와 있어요.(뉴스 유인물 활용) 실제 이런 모습들을 보면 어떤 말을 해주고 싶은가요?
- 외국에서는 동성결혼을 합법화하는 나라들이 많아지고 있습니다. 그 이유는 무엇일까요?
- 우리나라에도 동성결혼 합법화에 대한 찬반양론이 충돌하고 있습니다. 이런 문제는 어떻게 해결해야 하나요?

3. 수업 후

2 대 2 자유토론

∘ 두 명씩 찬반 짝을 이루어 자유 형식으로 토론을 진행한다. 먼저 자신들의 주장을 정리 할 시간을 10분정도 준 후에 진행한다. 상대의 의견을 메모하면서 반박의 근거를 만든다. 이 후 논술쓰기의 기초 자료가 된다.

논술문 쓰기

∘ 오늘 수업의 내용을 바탕으로 "동성결혼 합법화"에 대한 자신의 주장을 정리한다.
∘ "주장 + 근거 + 예"의 순서로 한 단락을 구성하여 정리한다.

3.
성리학을 신봉한 선비의 나라, 조선 전기
역사·미술·논술 융합 수업

역사, 미술, 논술 융합 수업
1. 「퇴계와 율곡」 김기은 지음 / 씽크하우스(e-book)
2. 「역사신문 4권」 역사편찬위원회 / 사계절

| 수 업 엿 보 기 |

"지난 시간에 도슨트(docent, 박물관이나 미술관 등에서 관람객들에게 전시물들을 설명

해주는 안내자)가 되기 위해서 준비해야 할 자료를 만들었지요. 오늘은 그 내용

을 발표하겠어요. 대상을 유치원생, 초등학생, 청소년, 성인, 노인 등으로 구분

해서 하기로 했으니까 대상에 맞는 도슨트 활동을 실제로 보여주세요."

미술과 역사를 논술을 융합하여 수업하면서 도슨트 되어보기 활동을 한 것이다. 조선 전기에 성리학을 근간으로 선비정신을 지켜왔던 양반들의 문화를 알기 위해 안평대군의 〈몽유도원도〉를 미술적 시각과 역사적 분석, 시대상을 연결하여 수업한 후 그림을 도슨트의 입장에서 관객에게 설명할 준비를 했다. 그 내용을 발표하는 시간이다 보니 학생들이 술렁이면서도 흥분된 모습이었다. 팀별로 자료를 만들고 발표를 하는데 수행평가에 가산점을 주겠다고 했더니 점수 욕심이 있는 학생들이 앞 다투어 지원했다.

지원한 학생들의 발표 준비 시트를 보니 잘 구성되어 있는 것도 있지만 정말 엉망으로 만들어 발표하겠다는 학생도 보였다. '성의 없게 만들어 놓고도 수행점수는 받고 싶은가보네?' 하는 생각을 하며 학생들의 도슨트 활동 발표를 보았다. 대부분의 팀들이 성의 있게 노인에게 맞는 설명, 청소년에게 맞는

설명을 했다. 다소 엉망으로 만든 학생의 팀이 나왔는데 그 팀은 유치원생을 대상으로 〈몽유도원도〉를 설명하겠다고 했다. '유치원생에게 설명이 될까?'라는 생각을 하고 있는데 갑자기 동요를 부르는 소리가 들렸다. '올챙이와 개구리'라는 노래에 몽유도

원도의 설명을 개사하여 노래를 부르고 있는 것이었다. 안평대군이 꿈을 꾸고 안견이 그린 것, 현상계에서 이상계로 가는 통로가 있고, 이상계는 조선시대 선비들의 꿈은 무릉도원이라는 등의 설명을 가사로 들으니 귀에 쏙쏙 들어오고 정말 재미있는 도슨트의 설명이 되었다. 듣는 사람 누구나 감탄하게 재미있는 노래 설명이어서 모두 인정할 수밖에 없는 도슨트의 모습이었다. 엉망으로 성의 없게 만든 준비 시트라고 폄하하던 교사를 부끄럽게 만드는 시간이었다. 새삼스럽게 학생들에게 배울게 많다는 생각을 했다.

| 수 업 준 비 하 기 |

융합 수업은 교과와 교과 간에 칸막이를 없애고 하나의 주제를 학습하기 위해 다양한 과목의 개념을 끌어내어 설명하고 문제를 해결하는 학습이다. 융합교육의 목표는 '지식교육·인성교육·창의성교육'의 의미를 이해하게 된다. 책과 신문, 영상을 결합한 융합교육을 실시하면 융합 마인드를 갖춘 핵심 인재를 키울 수 있는 기틀이 마련될 것이다.

[출처] 융합 수업, 교과 간 칸막이 허무는 데 효과적 | 작성자 랑콩트르

학교에서 융합 수업을 하라는 교육청의 권고는 많이 내려오는데 현실적으로 실행하는 경우는 많지 않다. 독립된 교과목의 진도를 소화하고 객관적 평가를 목표로 하다 보니 교과의 칸막이를 여는 것이 불가능하다고 여기는 교사가 많다. 그러나 독서지도사는 평가에서 자유로울 수 있고 이전의 수업이

모든 교과목을 통합하여 적용하는 수업이 대부분이었기 때문에 교사들에게 제안하기가 어렵지 않았다. 교과연계 수업을 이미 진행하고 있기 때문에 여기에 또 하나, 두 개의 교과를 연계하여 주제수업을 하는 것에 겁을 내지 않았다. 그래서 융합 수업을 학교에서 실천하는 작업이 시작되었다.

역사와 미술 논술을 융합하여 수업하는 일은 흔하지 않다. 그래서 이 수업을 기획하면서 우려와 걱정이 앞섰다. 역사수업을 좋아하는 학생들도 있지만 그렇지 않은 학생들도 있어 우려가 되었고, 미술시간에 하는 수업이어서 적은 차시의 미술시간을 빼앗는다는 원망을 듣지 않을까 걱정도 되었다. 하지만 한국사 과목이 수능의 필수가 되었고 역사를 모르면 세상을 알 수 없다는 당위성을 알려주어야 한다는 사명감도 작용했다.

역사 선생님과 수업을 하는 게 좋겠다는 생각을 하기도 했지만 여건상 미술 선생님과 수업을 진행하였다. 사실 독서지도사의 지식이 역사 쪽에 치우쳐 있기 때문에 미술과목을 담당교사가 해 주는 것이 중요하다는 점을 진행하면서 알게 되었다.

시대별로 구분하여 수업을 구성하였기 때문에 조선전기의 수업을 하는데 어떤 주제를 잡아야 할지 고민하였다. 미술교사와 상의 하면서 수업 할 수 있는 미술작품을 찾았는데 조선 전기는 미술작품이 많지 않다고 했다. 그래서 많이 알려진 몇 개의 작품과 『삼강행실도』 책자도 넣어서 수업을 구성하기로 했다. 조선 전기의 도자기와 삼강행실도, 몽유도원도, 문인화 등은 당시 선비들의 정신과 삶의 모습을 잘 보여주는 것이라 판단했다. 그 선비의 모델로 이황과 이이를 선택하여 선비정신을 보여주는 것으로 진행하고 몽유도원도를 이용해 도슨트가 되어보는 활동으로 마무리하기로 했다.

텍스트 읽기

"율곡 이이와 퇴계 이황을 들어본 적이 있지요? 오천원과 천원 지폐에서도 볼 수 있는 인물이지요."

돈을 꺼내 확인하면서 두 인물에 대해 알고 있는 것을 학생들이 자유롭게 대답했다.

"율곡 하면 신사임당이 따라서 생각나요. 강릉 오죽헌에 놀러간 적이 있어요. 그런데 퇴계 이황은 잘 모르겠어요." "왜 두 사람이 이름이 함께 나올 때가 많을까요?" "이황과 이이는 같은 시대를 살았던 사람이지요. 이황이 이이보다는 더 앞선 시기의 인물이지만 같은 시대를 공유하며 선비의 삶과 시대 문제를 같이 고민 했던 선비들이지요. 오늘 이 두 사람이 살았던 조선 전기의 선비들의 생활과 모습에 대해 그림과 자료를 통해 알아보려고 해요. 어렵게 생각할 필요 없구요. 그림과 각종 자료들을 보면서 그 시대 사람들의 삶을 간접 경험 한다고 생각하면 돼요."

학생들의 시선은 호기심 반 걱정 반의 모습이었다. 어려운 역사를 수업해야 한다는 부담과 그것을 미술작품으로 살펴본다는 것의 호기심인 것이다.

퇴계와 율곡을 학생들에게 읽게 하는 방법으로 e-book을 선택하였다. 종이책으로 보는 것과 다르게 학생들에게 멀티비전으로 보여주며 흥미를 유도하고 같이 읽기를 진행하기로 했다. 전체 내용을 보여주는 것이 어려워 종이책을 소개한 후 발췌하여 읽어주었다. 교사가 선택한 부분을 읽어주고 내용을 확인하였다. 책을 읽으면서 질문하고 답변을 생각해보며 진행하였다. e-book 읽기가 흥미로울 거라고 생각했는데 시간이 길어지자 역시 집중도가 떨어졌다.

"e-book 보니 종이책과 다른 점이 있나요?"

"모르겠어요. 이건 인터넷으로만 보나요?" "네 맞아요."

"선생님 컴퓨터로 책보는 거 특이하긴 한데 길게 보면 졸릴 거 같아요."

종이책과 다른 e-book보기가 흥미로운 거라고 생각했는데 그렇지 않다는 점이 확인되기도 했다. 역시 학생들은 15분이 넘게 교사의 강의를 들으면 집중력이 떨어진다는 점을 새삼 확인할 수 있었다.

『역사신문』은 조선 전기 성리학의 설명에 해당하는 부분을 편집하여 학생들이 읽게 했다. 각기 다른 내용(위민과 민본의 새 역사 열어가야 한다, 생활로 다가오는 유교 정신, 속박과 규제의 시대냐 조화의 시대냐)을 읽게 한 후 팀원들과 상의 하며 내용을 정리하였다. 파트를 4개로 나누어 자신들이 읽고 정리한 부분을 설명하게 했다. 다른 팀이 설명하는 내용을 활동지에 정리하며 새로운 사실을 종합하는 시간을 가지면서 성리학과 선비들에 대한 지식을 넓혔다.

그림으로 설명하기

미술교사가 미술작품에 대한 수업을 진행했다. 첫 번째 『삼강행실도』는 세종 때 백성들에게 성리학의 선비정신을 가르치기 위해 만든 책이다. 훈민정음이 아직 만들어지지 않아 한자로 쓰인 책을 백성들이 보기 어려우므로 글 옆에 판화기법의 그림을 그려 넣어 보기 쉽도록 만들었다. 삼강행실도가 만들어진 계기는 세종 때 김화라는 자가 아버지를 죽이는 사건이 일어났다. 부모를 죽이는 패륜을 저지르는 모습이 조선 사회의 충격이었고 이를 해결하기 위해 충, 효, 열녀의 모범사례를 보여주는 책을 제작한 것이다. 이 책 속에는 나라

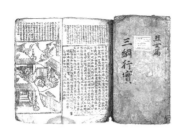

삼강행실도

몽유도원도

조선백자

문인화

에 충성하는 모습의 글과 그림, 병든 부모를 살리기 위해 단지(斷趾, 형벌로 발의 뒤꿈치를 자르던 일)를 하고, 살점을 잘라내어 봉양하는 효자효부가 나온다. 이들의 이야기는 조선의 이야기도 있지만 많은 부분 중국의 이야기를 소재로 하고 있다. 교사의 설명을 들으면서 학생들은 신기한 것을 보는 듯 했다. 지루한 옛날 책이라고 생각했는데 신기한 이야기가 들어 있다고 생각하니 흥미로웠던 것 같다.

〈몽유도원도〉는 세종대왕의 아들인 안평대군이 꿈에서 본 모습을 안견이 그렸다고 전해지는 그림이다. 꿈을 꾼 안평대군은 그 모습이 너무도 인상적이어서 그림으로 남기려고 했다. 그래서 화가들을 청하여 꿈의 이야기를 들려주고 그리게 했는데 안견 이전의 두 화가는 안평대군의 마음에 흡족한 그림을 그리지 못했다. 그래서 세 번째로 안견에게 청하여 그리게 되었는데 꿈에서 본 것을 가장 흡사하게 그렸다고 한다. 안견은 이 그림을 3일 만에 완성했다고 전해진다. 다른 사람의 꿈 이야기를 듣고 그림으로 표현하는 능력은 어디서 오는 걸까? 아마 공감의 능력일 것이다. 일필휘지의 모습으로 보이는 안견의 필력은 상상을 초월하는 능력이라 여겨진다. 몽유도원도의 그림에는 당시 조선선비들의 세계관과 희망하는 세계가 들어있다. 그림 속에는 현상계와 중간계, 상상의 세계가 들어있어서 세 부분으로 나눌 수 있다. 설명을 들으면서 학생들은 미술 작품 속에 이야기가 들어 있고 그림을 그린 사람의 생각을 확인 할 수 있다는 점을 알면서 새롭게 보는 시각을 알게 되었다는 반응이었다. 독서지도사도 미술교사의 설명이 전문지식을 알게 되는 계기가 되었다.

학생들도 그림을 역사적 사실과 같이 들으니 새로운 느낌으로 보인다고 했다. 그림 속에 그런 이야기들이 들어 있다는 것이 새로운 시각으로 보게 되는 계기가 되었다고 했다. 사진으로 찍혀 있어서 잘 보이지 않는 색채였지만 이야기를 찾으려는 노력은 그림의 해상도를 뛰어넘는 그림읽기가 가능했다. 조선전기 양반들의 정신세계를 그림으로 확인한다는 말을 얼마나 이해했는지 다 파악되지는 않았지만 새로운 시도에 흥미를 유발한 것은 확실했다.

〈문인화〉는 조선 전기를 대표하는 그림이다. 조선 초기 선비들이 필수적으로 해야 할 것이 시(詩) 서(書) 화(畵)였다. 이 세 가지를 해야만 풍류를 아는 선비로 인정받았기 때문이다. 문인화에 등장하는 소재는 매, 난, 국, 죽 사군자와 호랑이의 모습이 많았다. 대나무의 절개와 호랑이의 기개가 선비의 정신이라고 생각하는 경우가 많았다. 선비는 불의에 항거하고 현실에 초연하며 청빈을 추구하는 삶을 살아야 했다. 이 모습을 보여주는 이미지가 문인화이다. 사군자의 그림은 장수를 기원하기도 하고, 추위를 이기며 피어나는 매화를 고난에 굴하지 않는 선비의 모습으로 상징하기도 했다. 글을 소리 내어 읽다가 난초를 그리는 선비의 모습은 고고한 아름다움을 자아내기도 했다. 문인화 속의 이야기는 무궁무진한 문화가 들어있으리라 여겨진다. 서양화처럼 화려하지 않은 그림을 보며 흥미를 느끼지 못하는 학생들도 있었다. 그림의 설명을 자세히 들으면서 문인화를 다시보고 선비정신을 느꼈냐고 물어보니 대답은 안하고 빙그레 웃었지만 그 웃음 속에 많은 답이 있다는 생각이 들었다.

역사로 논술하기

『삼강행실도』를 보며 조선의 백성들은 성리학에 입각한 삶을 살려고 노력했을까 생각해보게 하는 부분이다.

"당시 책은 귀한 물건이고 아무나 가질 수 있는 것이 아니었어요. 그래서 일반 백성들이 책을 접할 기회는 많지 않았을 거지요. 그러면 조선의 백성들은 삼강행실도를 많이 보았을까요?"
"아니요 그림책이었어도 그 내용을 잘 알 수 없었을 거 같아요. 우리도 그림만 보면 잘 모르고 선생님이 설명해줘야 알잖아요. 조선시대 백성들은 우리보다 공부도 못했으니까 하하하."

많은 책을 만들기 위해 판화기법이 사용되었다. 그래서 회화로 그리는 것보다 많은 책을 찍어냈을 것이다. 그러나 책이 아무리 판화로 제작되어 보급

되었다 해도 하층민의 사람들은 찾아보기 어려웠을 것이다. 책을 보았다 하더라도 글을 읽을 수 없는 사람들이 그림만으로 얼마나 이해했을까 의문이다. 그러나 글을 읽을 줄 아는 사람이 읽고 그림을 보며 설명해 주었다면 좋은 효과를 보았을 거라는 예상도 할 수 있다. 학생들의 추측으로는 그림이 있더라도 전달할 수 있는 내용이 한정적이어서 많은 의미 전달이 되지 않았을 거라는 결론이었다. 그래서 『삼강행실도』가 세종의 의도만큼은 못미쳤을 거라는 의견이 나왔다. 책속의 글과 그림을 보며 아! 그렇구나 하고 끝나는 것이 아니라 그 내용에 대해 생각해보고 추측하고, 비판하며 새로운 역사를 쓰는 것이 이 수업의 목적이기도 하다.

〈몽유도원도〉는 안평대군의 그림으로 알려져 있다. 그런데 그림은 안견이 그렸다. 안평대군이 아이디어를 제공했고 안견이 그렸다면 누구의 공이 더 크다고 해야 할지 생각해보아야 한다. 현대로 보면 저작권의 문제도 거론될 수 있다. 저작권은 작가 사후 50년까지 상속자에게 권리가 있다. 물론 여기에는 해당하지 않지만 저작권이 있다면 누구에게 더 지불해야할지 생각해 볼 문제이다. "미술 선생님은 이 문제를 어떻게 생각하세요?" "조각품을 만들 때 금속 조각품이라면 아이디어를 작가가 제공하여 기술자가 만들게 돼요. 그렇지만 금속 조각의 기술을 제공한 사람은 작가라고 하지 않아요. 그러나 안견은 당대의 인정받는 화가였고 안평대군은 그런 그림을 만들 능력이 없다고 봐요. 그렇다면 안견을 기술자로 취급할 수는 없을 거예요. 안평대군과 안견의 기여도는 우열을 가리기 힘들 겁니다." 학생들의 마무리는 50:50의 자격이 있다는 것이었다. 결론이 맞고 안 맞고는 중요하지 않다. 이런 문제에 대해 자신의 의견을 생각하고 말하며 근거를 찾을 수 있는 것이 중요하다. 〈몽유도원도〉가 있었다는 것만 기억할 수도 있지만 이런 생각을 공유하며 시야를 넓혀가는 것이 논술의 방법이다.

큐레이터와 도슨트

미술관에서 근무하는 사람으로 큐레이터와 도슨트가 있다. 많은 사람들이 큐레이터와 도슨트를 헷갈려 하는데 독서지도사도 처음 이 수업을 기획 할 때는 잘 알지 못하고 있었다. 그래서 두 사람의 역할에 대해서 알아볼 필요가 있다. 큐레이터, 요즘엔 학예사라고도 부르는데 일반인들이 실제로 미술관에서 큐레이터를 만나는 일은 거의 없다. 큐레이터가 하는 일은 전시를 기획하고 관리하는 전시회의 총감독 같은 사람이다. 대부분 석사 이상의 미술전공자로 우리나라에서는 자격증 제도를 운용하고 있다.

도슨트는 전시 관람객에게 작품과 작가에 대한 설명을 제공하는 사람을 말한다. 이들은 전문직업인은 아니지만 일정 기간 동안 교육을 받으면 누구든지 현장에서 일반 관람객을 대상으로 전시에 대한 설명을 제공할 수 있다. 또

미술전공자라 해서 도슨트 역할을 잘 하는 것도 아니다. 단순히 작품에 대한 지식을 전달하는 것이 아니라 본인이 알고 있는 내용을 정확하고 재미있게 설명할 수 있는 전달력과 듣는 사람의 심리를 파악할 수 있는 감성이 갖춰져야 한다. 그림을 설명하는 사람이 말주변이 부족하다는 것은 관람객을 위한 배려가 부족한 것이다. 작품설명을 듣기 위해 모인 사람에게 실망을 주면 안 된다. 그리고 아무리 많이 안다고 해도 그것을 전달하는 기술이 부족하면 도슨트는 실패한 것과 다름없다. 그래서 도슨트에게 요구되는 것은 전달력이다. 미술사에 대해 잘 알고 있어도 그것을 전달하는 소위 '말발'이 필요하다. 두 번째 덕목은 감성인데 도슨트는 설명을 듣는 관람객의 나이, 성별, 학력수준들을 재빠르게 파악하여 관객에게 맞는 설명을 제공하여야 한다.

| 수 업 마 무 리 |

도슨트 되어보기

위의 설명을 들은 후 학생들에게 문인화와 몽유도원도 그림을 컬러로 인쇄해 주었고, 8절지 색지와 가위, 풀, 사인펜 등을 이용하여 도슨트가 그림을 설명하기 위한 자료를 제작하였다. 그리고 그림을 설명하는데 대상의 연령대를 정하였다. 대상을 정해야 도슨트가 설명할 수준이나 어휘가 결정될 수 있기 때문이다. 유치원, 초등생, 중·고등학생, 성인, 노인 등 대상을 설정하여 작업을 하였다. 그동안 배운 미술작품과 역사의 지식을 이용하여 원고를 작성하고 발표하였다. 완성품의 부담을 덜기 위해 2인 1조로 작업하였다.

원고 작성 후 발표시간을 가졌다. 대부분 중·고생을 대상으로 선정하여 배운 지식을 나열하는 발표가 대부분이었다. 그런데 앞에서도 언급하였지만 유치원 학생들에게 몽유도원도를 설명하겠다는 학생이 있었다. "유치원생에게 설명이 되겠니?"라는 질문을 했더니 가능하다고 말했다. 동요를 개사하여 몽유도원도에 대한 설명을 하였는데 정말 깜찍한 아이디어로 보였다. 그 시간 거기에 있는 모든 사람을 공감하게 하는 도슨트의 설명이었다. 역시 학생들은 선생보다 말랑말랑한 머리를 가졌다.

| 수 업 정 리 |

융합 수업 과목 선택, 텍스트 선정
(역사, 미술, 논술)(퇴계와 율곡/역사신문)

▼

텍스트 읽기 방법 선택(e-book)
미술작품 이해(교과교사 설명)

▼

텍스트와 미술작품에서 읽는 주제 찾기
조선시대 선비와 평민의 삶 생각하기

▼

도슨트 되어보기
대상연령에 맞는 시연하기

1. 이황과 이이에 대해 아는 대로 정리해 보세요.

구 분	차이점	공통점
이 황		
이 이		

2. 이황과 이이는 조선 전기를 대표하는 선비입니다. 조선 백자와 문인화를 보며 선비정신에 대해 말해 보세요.

3. 선비정신이 현대에는 어떤 모습으로 남아 있는지 알아보고 의견을 나누어 보세요

4. <몽유도원도>는 지금 일본에 있다고 알려져 있습니다. 이 작품이 일본에 있게 된 유래에 대해 알아보고 이것을 돌려받을 수 있는 방법이 없는지 생각해 보세요.

5. 역사 속의 문화유산은 현재의 시점에서 어떤 역할을 하나요? 어떤 모습으로 보존해야 하는지 토의해 보세요.

4.
광해와 하선의 차이점은
역사·미디어 융합 수업

역사, 미디어 융합 수업 : 역사적 사실과 영화 속 허구의 차이
1. 〈광해, 왕이 된 남자〉 추창민 감독(2012)
2. 「역사신문」 역사편찬위원회 / 사계절

| 수 업 엿 보 기 |

"아쉽지만 영화를 다 봤어요. 영화에 대한 감상을 이야기 해 볼까요?" "전편을 다 봤으면 좋겠는데 아쉬워요. 광해군이 두 명이라 웃겨요." "영화에서 인상 깊은 장면에 대해 말해 볼까요?" "하선이 신하들의 등을 밟고 지나가는

장면이 재미있었어요." "광해군은 신하들이 자신을 짓밟고 가라고 했을 때 못했는데 하선은 어떻게 할 수 있었을까?" "그 행동을 했을 때 생길 뒷일을 왕은 알고 있었지만 하선은 모르기 때문에 할 수 있었을 거 같아요." "역시 무식하면 용감한 가 봐요."

하선이 했던 영화 속의 모습을 보며 각자의 소감을 이야기 하고 있었다.

"광해군의 업적, 대동법이나 중립외교 등을 하선이 한 것처럼 작품을 만든 이유는 무엇일까요?"

하선이라는 인물을 통해 광해군이 하지 못한 행동과 결정을 하게 한 영화의 의도를 생각해보라는 주문을 했다. 좀 어려워했지만 신하들의 힘에 눌려 자신의 의지를 펴지 못했던 광해군의 이야기까지 이끌 수 있었다.

"실제로 이러한 일이 일어나지는 않았을 거예요. 그런데 이런 영화를 만든 이유를 생각해 보세요. 어떤 답변도 좋으니까 발표해 볼까요?" "광해군은 왕위에서 쫓겨난 인물이에요. 그런 인물이 업적이 훌륭했다는 것을 보여준 것 같아요. 영화니까 재미있게 하려구요." "영화는 역사적 사실에 바탕을 둔 꾸민 이야기지요. 그래서 이런 영화나 역사 드라마를 보고 그것이 사실 그대로일 거라고 생각하는 것은 잘못된 거지요. 흥미 위주로 영화나 드라마, 소설 등을 만들었는데 그것이 역사의 진실이라고 오해 하면 안됩니다. 같은 역사의 내용을 가지고 작가나 감독이 어떻게 해석했는지 다양한 시각을 보는 자료로 사용해야 합니다."

학생들뿐만 아니라 성인들도 역사극이나 영화를 보며 하는 오해를 줄이기 위해 이런 미디어 역사읽기 수업이 필요하다는 것을 알려주었다.

처음 독서지도사를 시작했을 때 역사를 좋아하고 역사적 지식이 넓고 깊은 한 학생을 만났다. 그 당시 나는 초보시절이었기 때문에 그때그때 책을 읽고 단편적인 수업을 준비하기에 바빴다. 역사수업을 그 학생과 하면서 나보다 훨씬 많은 역사적 지식을 알고 있는 학생에게 편협한 지식으로 수업을 하는 것이 매우 부끄러웠다. 그래서 수업의 패턴을 바꾸기로 했다.

내가 역사에 대한 수업을 시작하며 한 가지 설명을 하면 그것에 대한 보충 설명은 나보다 많이 알고 있는 그 학생이 하기로 한 것이다. 그랬더니 나는 잘 알지도 못하는 다양한 역사의 사실과 에피소드 연관된 사건들을 알 수 있었다. 그 학생은 어떻게 그렇게 연관되는 일들을 찾아낼까? 생각해보니 역사의 통사(通史)를 확실하게 알고 있고 수평적인 일들의 연결에 대한 지식이 있기 때문에 가능함을 알았다. 이후 내가 역사수업을 할 때 다른 학생들에게 통사를 먼저 알려주고 사건을, 미디어자료를 연결하는 작업을 하니 학생들의 역사지식도 올리고 연관 사건의 나열로 흥미도 이끌 수 있었다. 나보다 역사지식이 많던 그 학생은 이후 '선생님과의 수업이 제일 즐거웠어요.' 라는 말을 했다. 자신의 역사적 지식을 나에게 설명하며 자신의 지식을 심화시킬 수 있었기 때문이다. 물론 다른 분야의 수업은 열심히 준비하여 잘 가르쳤다.

이 경험을 바탕으로 역사수업에 관심이 많아져 학생들에게 유익한 수업을 고민하다가 미디어 수업을 진행하였는데 부작용도 있었다. 역사극을 허구가 아니라 사실로 기억하는 문제였다. 그래서 이를 해소하려고 영화읽기 수업을 기획하였다.

영화는 매력 있는 읽기 소재이다. 과거처럼 읽기의 재료가 책에만 국한되지 않으므로 미디어 읽기가 또 다른 문식성(文識性)이 되고 있다. 그래서 영화 읽기라는 용어를 사용하며 영화 속의 주제와 의미 찾기를 하게 된다. 미디어를 보고 즐기는 것도 필요하지만 그 속의 코드를 읽고 세상을 읽는 눈을 키울 필요가 있다. 종이책을 읽는 경우보다 미디어를 보는 일이 많으므로 미디어에 대한 문식성을 키우는 것도 이 수업의 목적이다.

역사에서 광해군에 대한 평가만큼 극과 극으로 나오는 경우도 없다. 그래서 역사를 잘 아는 사람들이나 잘 알지 못하는 사람들이나 한 번은 되새기고 지나는 인물이다. 학생들도 광해군을 연산군과 같이 폭군이었기 때문에 왕위에서 쫓겨난 사람으로 알고 있었다. 그래서 역사에 대해 잘못 알고 있는 점을 확인하고, 그에 대한 평가를 다시 해 볼 필요가 있다. 광해군은 평가가 일관되지 않은, 쫓겨 난 왕이다. 그에 대한 역사적 기록과 현대인이 생각하는 광해군의 정책에 대한 평가를 생각해본다. 영화는 사실을 바탕으로 한 허구이다. 역사적 사실과 상상력이 첨가된 부분을 찾아보며 미디어자료의 역사수업 활용에 대해 이야기해 본다.

영화의 내용은 승정원일기의 기록이 15일간 사라졌다는 전제가 있다. 그러나 실제로 승정원일기의 기록이 사라지지는 않았다. 그리고 승정원일기는 1623년 인조 이후의 기록이 남아있고 이전의 기록이 전쟁과 반란으로 인해 사라졌다는 것이 정설이다. 그러므로 영화의 시작이 되는 이 내용은 허구이다. 영화를 분석하면서 '사실과 허구를 구분해보기'도 중요한 작업이 된다. 허구의 내용이 사실과 접목될 때 '팩션(faction)'이라고 부른다. 사실을 바탕으로 한 허구라는 뜻이다. 이런 작업을 통해 역사를 배경으로 한 드라마나 영화,

소설 등이 실제 역사가 아니라는 점을 알 수 있다. 이것이 제대로 정리 되지 않으면 허구의 이야기를 기반으로 역사지식을 쌓게 된다.

역사의 내용이지만 영화가 만들어지는 시대에 따라 다른 해석이 나오는 경우가 많다. 광해군에 대한 평가도 시대에 따라 달라지고 정치인들의 필요에 의해 각색이 되는 경우가 있다. 그래서 같은 역사를 바탕으로 한 영화나 드라마의 내용이 제각각이어서 학생들이나 일반인에게도 혼란을 주게 되는 경우가 많다. 그래서 영화나 드라마의 내용을 어떻게 보고 이해해야 하는지의 문제를 언급해야 한다.

| 수 업 들 어 가 기 |

"오늘은 영화를 볼 거예요. 광해 영화 본 사람 있지요?"

학생들은 영화를 본다는 것만으로도 좋다고 아우성을 친다. 선생님의 지루한 수업을 듣는 것보다 영화를 보면서 시간을 때울 수 있다고 생각하는 모양이다.

"영화는 전편을 다 볼 수 없어서 편집된 것을 볼 거예요. 영화를 보면서 그냥 영상만 보지 말고 여러분이 알고 있는 역사의 내용과 비교하면서 보세요."

"영화는 그냥 재미있게 보면 안되나요?"

무언가 생각하면서 보라는 교사의 말이 불편했는지 학생이 볼멘소리로 한 말이었다. 영상을 즐기는데 조건을 다는 교사가 맘에 들지 않았나 보다.

"물론 영화는 즐겁게 보아야 해요. 하지만 그저 즐기는 경우도 있고 뭔가

배우기 위해 보는 경우도 있어요. 교실에서의 영화보기는 아무래도 수업시간이기 때문에 즐기기만 하는 것으로는 좀 부족해요. 그러니까 함께 생각을 하면서 보세요."

수업시작부터 미디어 읽기가 필요하다 등의 이야기를 하는 것은 역효과가 날 것 같으므로 이 정도의 이야기를 하고 영화를 보기 시작했다. 전편을 다 보지 못해 아쉽다고 하면서도 편집된 영화를 집중하여 보는 학생들이 많았다. 역사시간에 배운 내용을 되새기며 감독의 분석과 해석에 대해 평가해보기도 한다. '내가 감독이라면 저런 내용을 그렇게 해석하지는 않았을 것이다.'라는 전제로 이야기를 이끌다 보면 좀 더 수준 있는 감상이 될 수 있다. 감독은 왜 하선이라는 인물을 만들어 광해군의 좋은 업적을 그가 한 것으로 그렸을까? 조선시대에 왕을 풍자하는 놀이는 가능했을까? 허균이라는 인물은 광해군 시기에 어떤 역할을 한 사람일까? 그의 작품 『홍길동전』은 감독이 그의 캐릭터를 만드는데 많은 도움을 주었을 것이다 등의 내용을 고려해 본다. 내가 감독이라면 하선을 어떻게 만들었을지, 왕을 만드는 남자 허균의 역할을 어떻게 부여 할지에 대해 생각해본다.

학생들은 하선이라는 인물의 설정을 그냥 흥밋거리로만 여기는 경우가 많았다. 그래서 하선의 역할에 대해 상기시켜주며 생각을 끌어내도록 도왔다. 조선시대의 왕은 신하들의 견제에 의해 마음 놓고 정치를 펼칠 수 없었다. 그래서 파격적인 정책의 실행자로 하선이 나오지 않았을까?

영화만으로는 광해군 시대를 이해하기 어려울 거라 생각해 『역사신문』의 자료를 활용하였다. 역사신문은 기사형태로 되어있어 통사를 이해하기는 어렵다. 그러나 주된 줄기의 역사를 알고 있으므로 당대의 사건들을 연결하여 광해군에 대한 이해가 더 잘 될 거라고 생각했다. 그래서 역사신문의 사건으로 기록된 신문기사를 편집하여 사건별 유인물을 만들어 학생들에게 읽게 했다. 임진왜란 이후의 조선경제, 인목대비의 서궁 유폐, 영창대군의 죽음, 인조반정 등의 사건을 읽은 후 광해군에 대해 더 많은 이야기를 나눌 수 있었다. 역사신문의 기사형식은 역사의 지식을 풍부하게 하는데 도움이 많이 되는 책이다.

| 수 업 마 무 리 하 기 |

영화를 감상했기 때문에 명대사와 명장면도 확인해봐야 한다. 개인에 따라 다른 명장면과 명대사를 찾아보고 그 이유와 설명을 들어보면 영화에 대한 이해도 넓어진다. 그 후 수업을 마무리하는 논술식 감상문 쓰기를 하면 좋다. 논술식 감상문은 학생들이 주제를 선정하여 주장하는 글이 되도록 쓰면 된다. 감상문을 전체 내용으로 쓸 필요는 없다. 영화를 보면서 본인에게 인상적인 사건이나 인물 하나를 주제로 논술식으로 쓰면 된다. 예를 들어 '하선의 왕 역할은 광해군보다 훌륭했다.' 라는 주제를 정했다면 하선과 광해군을 비교하며 자신의 주장을 글로 쓰면 된다. '조선시대 왕은 힘이 없었다.'를 주제로 선택했다면 광해군과 신하들의 관계를 바탕으로 여러 가지 자료를 근거로 논술식 감상문을 기록한다. 이렇게 감상문을 쓰면 자신의 이야기를 많이 표현 할 수 있다.

광해군은 소신 있고 힘 없는 왕이었다. 폭군 연산군과 구별하기 어려워하는 사람들에게 이 영화는 잘못 알고 있는 역사를 다시 알게 해주는 역할을 했다. 영화를 제작하는 사람들은 높은 창의력을 발휘한다. 그래서 이미 알고 있던 내용도 새로운 포장으로 만들어낸다. 이런 작품을 보며 기발한 발상이라며 감탄하는 때가 있다. 역사 영화나 드라마는 이런 역할을 한다. 그래서 영화라는 미디어가 주는 신선함은 오래된 역사도 새롭게 포장한다.

| 수 업 정 리 |

역사시간에 영화보기
편집된 영화감상

▼

역사신문 활용 광해군 시대의 역사알기
역사극과 사실의 연관성 이해하기

▼

영화 속에서 사실과 허구 구분하기
명대사 명장면 찾기

▼

논술식 감상문 쓰기

오늘 본 작품

제목 감독	
줄거리	
명대사 명배우 (이유는?)	
역사와의 연관성	
역사와 사실 구분하기	
논술식 감상문	

광해군시대의 이야기

	이야기 만들기
광해군은 이렇게 나라를 다스렸어요.	
영창대군, 인목대비를 처리하다.	
광해는 우리 가족을 파괴한 가정 파괴범입니다. (인목대비 입장)	
광해군 이렇게 왕위에서 사라지다.	

✎ 학교 밖에서의 독서수업에서는 학생들이 전편의 영화를 감상하는 것이 전제가 된 수업인 경우가 많다. 그래서 영화를 다 보았다는 것을 전제로 참고가 될 수 있는 『역사 신문』을 추가하여 수업 진행하기를 권한다.

– 영화 감상 전

1. 광해군에 대해 아는 대로 이야기해 보자.

2. 영화의 포스터를 보면서 어떤 내용일지 생각하고 말해보자.

– 영화 감상 후

1. 영화 속 인물의 성격을 말해보고 평가해 보자.

2. 광해와 하선 두 인물로 주인공을 선정한 이유는 무엇일까?

3. 이 영화에 도승지로 등장하는 허균은 어떤 사람인가?

4. 왕을 지키던 도부장은 마지막에 목숨을 버리며 하선을 지킨다. 그 이유는 무엇일까?

5. 영화에 등장한 명나라에 드리는 조공이나 후금의 전쟁 지원 등은 왜 해야 했나?

6. 후금의 사건이나 대동법의 실시 등으로 왕과 신하들이 대립합니다. 이런 때 해결은 어떻게 해야 하나?

7. 명대사, 명장면, 맘에 드는 등장인물을 선정하고 그 이유도 쓰시오.

8. 여러분이 알고 있는 역사의 내용과 영화의 같은 점 다른 점을 정리해 보자.

같은 것	다른 것

9. 역사를 바탕으로 한 영화나 드라마 볼 때 어떤 관점으로 보아야 하는지 자유롭게 토의 토론해 보자.

5.
빙고게임으로 베토벤과 루소의 생각을

음악·철학·논술 융합 수업

음악, 철학, 논술 융합 수업
1. 「음악에서 읽는 철학 생각하는 논술」, 자체 교재

| 수 업 엿 보 기 |

앞 시간에 베토벤과 나폴레옹을 연결해주는 교향곡 〈영웅〉을 들으며 이 음악이 나오게 된 역사적인 배경 프랑스대혁명과 그것의 철학적 배경 계몽주의에 대해 수업하였다.

"오늘은 빙고게임을 할거예요. 지금부터 선생님이 설명하는 것을 잘 들으세요. 설명하는 내용에서 빙고게임의 문제가 나갈 겁니다."

모둠으로 앉아 있는 학생들에게 계몽주의 철학자들에 대한 유인물을 나누어주고 빙고게임을 진행하겠다고 했더니 학생들의 눈이 반짝거렸다. 수업내용을 잘 들어야 하는 거지만 게임을 하고 그에 대한 작은 상품을(작은 군것질거리) 선물로 준비하니 의욕이 상승되는 분위기였다. 계몽주의 철학의 태동부터 학자들, 그들의 어록 등을 설명하니 이미 들었던 학자들도 있고 새로운 사람들도 있다고 했다. 여기에 전 시간에 들었던 계몽주의의 영향을 받은 베토벤과 나폴레옹의 이야기까지 덧붙이면서 이 모든 내용이 빙고게임의 소재임을 알렸다.

"지금 설명한 내용을 기억하며 빙고 판을 쓰세요. 게임의 방식은 일반적인 빙고의 원칙과 같구요. 선생님이 문제를 내면 먼저 손을 들어 답을 말합니다. 답을 맞추면 1점, 빙고판에 내용이 있으면 동그라미, 1회 빙고에 3점입니다." "선생님 그럼 빙고가 아니라 골든벨이지요. 골든벨을 빙자한 빙고게임인가? 하하하" "선생님 우리가 먼저 손들었는데 왜 쟤네만 시켜요? 쟤네들 빙고판 고쳤어요."

각종 민원과 고발을 들으며 빙고게임을 하고나니 학생들도 교사도 얼굴이 다 붉어질 정도로 열을 올리는 모습을 볼 수 있었다. 어느 수업도 학생들이 이렇게 열정적으로 참여하는 모습은 없었던 것 같다. 수업의 내용을 인지하는 것도 중요하지만 수업시간에 즐거운 몰입을 할 수 있었다는 점이 독서지도사의 입장에서는 뿌듯했다.

우리 수업의 제목은 〈음악에서 읽는 철학 생각하는 논술〉이다. 음악은 들으면서 즐거움을 주는 것이고 감성을 전달하는 것인데 거기에서 철학을 말하고 논술하는 것은 수업을 어렵게 만드는 것이 아니냐고 걱정하는 사람이 있었다. 그러나 학생들에게 철학은 생활의 일부이다.

'나는 왜 학교를 다녀야 하나?'

'지금 내가 하고 있는 일은 나에게 어떤 의미가 있는 건가?'

'행복해지려면 어떻게 해야 하지?' 등의 생각을 하는 것이 철학적 사고이고 이런 문제에 대해 스스로 답의 찾아보는 것이 철학적 생활이라는 것을 알려주고 싶었다.

철학은 이미 알고 있는 내용을 다시 한 번 확인하는 경우가 많고 새롭게 알게 되는 내용도 있다. 교과 내용과 관련되고 미디어로 접했던 내용들인데 그것이 철학자들이라는 인식을 하지 않는 경우가 대부분이었다. 그래서 이미 알고 있는 지식을 확인하고 정리하여 음악과의 연관성을 찾고 철학적 사유를 인식하며 논술로 표현하는 작업을 하였기 때문에 어렵고 생소한 내용은 없었다. 새로운 내용이어도 흥미를 가질 수 있게 쉬운 접근을 기획하였다. 또 강의식 수업보다는 학생들이 직접 참여하여 활동하는 것이 대부분이어서 학생들의 움직임이 많은 것으로 만들었다. 수업 기획이 될 때 음악교사와 독서지도사가 협의하여 미리 준비하는 시간이 있어서 서로의 능력을 배가시킬 수 있는 기회도 되었다.

학교에서 배우는 교과의 지식이 따로따로 쓰이는 것이 아니고 융합하여 적절하게 생활 속에 녹아든다는 것을 알려주는 것이 이 수업의 목적이었다. 비록 학생들에게 적은 시간이었지만 목적에 부합하는 결과가 나타났다. 고등학교의 과정에서 음악 철학 논술의 융합 수업을 했다는 경험만으로도 나중에 인문학을 접할 때 낯설지 않을 것이라 생각한다.

| 수 업 들 어 가 기 |

음악시간에 들어간 교실은 차분한 분위기였다. 음악선생님의 칼칼한 목소리는 학생들의 집중을 끌어내고 있었다. 음악시간에 미리 철학과 논술 수업을 같이 융합하여 수업한다고 공지하였지만 그런 수업을 받아본 적이 없는 학생들은 어떤 수업이 될까? 호기심보다는 지루함을 걱정하며 또 어떤 과제를 접해야 하나하며 걱정하는 분위기도 있는 것 같았다. 철학은 접해 본 적도 없는데 어려운 소리를 어떻게 들을까 하는 고민도 있는 것처럼 말이다.

음악 선생님은 베토벤과 나폴레옹의 관계에 대해 베토벤 교향곡 3번 〈영웅〉을 중심으로 설명하였다.

"베토벤은 카리스마 있는 모습의 그림이 전해지고 있어요. 그러나 매우 못생긴 인물이어서 그림을 그릴 때는 매우 잘 생긴 얼굴로 그려 달라고 했어요. 베토벤은 프랑스대혁명이 일어난 것을 기뻐하며 그것의 주도 세력이었던 보나파르트 나폴레옹을 흠모하였고 그의 이름을 딴 보나파르트 교향곡을 작곡했어요. 그러나 혁명 이후 시민중심의 공화정을 폐지하고 황제가 되는 모습을 보고 실망하여 작곡한 작품의 제목을 박박 그어버리고 말았다는 에피소드가 전해집니다. 시민이 중심이 되는 공화정, 오늘날의 민주주의를 꿈꾸었던 베토벤의 좌절하는 모습이 그려지는 듯합니다. 그래서 보나파르트 나폴레옹을 위한 교향곡이 〈영웅〉이라는 이름으로 세상에 알려지게 되었지요. 함께 들어봅시다."

교향곡 〈영웅〉을 감상하며 베토벤이 표현하고 싶어 했던 나폴레옹에 대한 존경심을 느껴보라고 주문했다. 그런데 얼마나 학생들이 영웅의 의미를 들었는지는 알 수 없다. 학생들의 관심이 필요한 이유로 과거의 〈노다메 칸타빌레〉 드라마에서 나왔던 베토벤 교향곡 3번 〈영웅〉을 들려주었다. 이는 배우들의 감성을 보며 원곡을 연주하는 오케스트라 악단의 연주보다 공감에 더 도움이 된 것으로 보였다.

이후 독서지도사가 수업을 이어받아 교향곡 〈영웅〉의 감상에 대하여 질문하였다. 평소에 질문을 많이 받지 않는 관계로 자신의 감상을 언어로 표현하기 어려워했지만 한마디씩 덧붙이며 다른 학생들의 감상 표현을 듣고 자신의 생각과 느낌을 책에 정리하였다.

"프랑스대혁명은 베토벤과 나폴레옹을 이어주는 사건이지요. 프랑스대혁명은 어떻게 일어날 수 있었는지 알아봅시다. 프랑스대혁명을 민주주의의 시작이라고들 합니다. 황제와 귀족들에 의해 지배받던 사람들이 어떻게 황제정을 뒤집는 혁명을 일으킬 수 있었을까요? 계몽주의 철학자들의 영향입니다. 계몽주의 철학은 사람들에게 평등사상과 민주주의 사상을 알려주고 생각을 열어

주는 역할을 하였습니다. 그러다 보니 자신들이 귀족들로부터 부당한 대접을 받고 있었다는 사실을 알게 되었고 이것을 바꾸려는 활동이 젊은 사상가와 귀족 학생들에 의해 일어나기 시작하였어요. 또한 무역의 발달로 돈을 많이 벌어들인 부르주아 계층이 등장하면서 자신들의 부당한 대우를 바꿀 수 있는 상황을 위해 노력하여 만든 것이 프랑스대혁명이었어요.

계몽주의 철학이 없었다면 혁명은 일어나지 않았을 것이고 오늘날의 민주주의가 생기지 않았을 수도 있었어요. 베토벤이 꿈꾸었던 세상, 귀족의 하인처럼 작품을 만드는 상황의 변화도 오지 않았을 겁니다. 당시 예술가들은 작품료를 지급하는 귀족들의 취향에 맞는 작품을 만들며 괴로워하는 경우가 많았거든요. 자기가 원하는 명작을 발표하지 못했기 때문이지요. 오늘날에도 철학적 사유와 활동은 계속되고 있으며 이것이 우리의 교육에 영향을 주고 사회의 변화를 이끌어 내고 있는 겁니다."

이미 알고 있던 유명인의 이름이 프랑스대혁명과 음악시간에 배우는 음악가와는 같은 시대 사람이고 같은 생각을 공유했다는 내용을 들은 학생들은 신기해하는 모습이었다. 베토벤은 음악가였지만 그 속에 계몽사상이 들어있다는 점을 처음 들었다고 했다.

| 수 업 마 무 리 하 기 |

계몽주의 철학자들의 사상과 활동에 대해 알려주어야 하는데 강의식의

설명 수업은 지루하고 집중력이 떨어질 것 같아 빙고게임을 하기로 했다. 계몽주의 철학자에 대해 설명한 유인물을 조별로 나누어주고 강의를 간략하게 진행하였다. 선생님이 설명하는 내용들이 빙고게임에 등장할 것이므로 집중하여 들으라고 했더니 학생들의 몰입도는 최고였다. 문제를 설명하면 답을 먼저 맞추는 골든벨 형식과 그 단어에 동그라미를 치면서 빙고를 만드는 활동을 접목하니 수업분위기의 열기는 대단하였다. 잘 한 팀에게 작은 상품을 걸고 진행하며 즐겁게 수업을 진행하였다.

사실 레미제라블 영화를 보아야 하지만 학생들이 많이 알고 있는 내용이고 이미 본 학생도 많아서 주인공들에 대한 이해, 시대적 상황의 이해, 나폴레옹과『레미제라블』작가 빅토르 위고의 관계 등을 확인하며 수업과의 연관성을 확인하였다. 세상이 뒤집어지는 변화가 있을 때 일반 시민들이 어떤 영향을 받는지, 혁명이 성공하였다고 기뻐하는 사람들 속에서 가난한 사람들은 어떤 변화를 겪는지 알아보는 시간이 되었다.

전 시간의 수업을 바탕으로 '예술가의 정치 참여 필요한가'의 주제로 회전

목마 토론을 진행하였다. 먼저 예술가의 정치 참여에 대한 예와 의견을 읽기 자료로 제시하였다. 피카소의 〈게르니카〉가 만들어진 계기와 시대적 배경 의도 등을 이야기 하며 찬반의 질문과 의견을 나누었다. 또 순수예술을 했던 미술가 고흐의 이야기를 들려주고 생각을 나눈 뒤 베토벤도 교향곡 〈영웅〉을 만들었다는 것은 정치 참여를 했다고 판단 할 수 있다. 여기에 현대 연예인의 정치 참여까지 모아 토론 자료를 제시하였다. 연예인의 정치 참여 찬반에 대한 토론을 인터넷 자료로 보여주며 토론의 형식도 알게 하였다.

토론에 들어가기 전에 나의 생각을 글로 정리했다 〈이유〉-〈근거〉-〈예〉의 순서로 세 가지씩 써놓고 회전목마 토론을 시작했다. 책상을 모두 빼고 의자만 두 개의 원으로 만들어 앞에 만난 짝과 자신의 의견을 먼저 말하고 반론 등을 제시하고 친구의견을 들으며 책에 기록하고 토론하였다. 5분 정도가 지나자 토론의 소리가 줄어들기 시작했다. 이 때 안쪽 원에 있는 학생들이 일어나 3칸을 오른쪽으로 옮겨 새로운 짝을 만나 다시 토론을 시작했다. 의견이 같은 짝을 만나면 토의를 하며 상대의견을 가진 사람을 설득하는 방법을 찾게 하였다. 둘이 의견을 나누다가 옆에 학생들의 이야기가 들리면 4명이나 6명이 같이 토론하기도 했다. 이렇게 3~4번 정도 자리를 이동하며 토론 시간을 보내고 마무리 시간을 가졌다. 친구가 말했던 의견 중에 좋았던 것, 특이한 것, 어이 없는 것 모두를 발표하게 했다. 자신의 의견이 아니라 친구의 의견을 발표하기 때문에 좀 더 자유롭게 접근하는 것으로 보이기도 했다. 발표한 의견을 가지고 다른 친구들의 반론 의견을 듣고 의견을 처음 말했던 학생의 재반론도 들으며 집단 토론이 잠시 이루어지며 정리하는 시간이 되었다. 나의 생각과 친구생각을 모아 최종의견을 각자 정리하라고 과제로 제시하였다.

　학생들은 처음에 철학이 들어온다는 것 때문에 좀 뜨악한 면도 없지 않았
지만 철학의 내용을 알게 되고 수업과의 연관성 음악과의 연관성을 알게 되
면서 철학적 생활을 알게 되는 계기가 되었다는 말을 하였다. 철학자들의 이
름을 처음 들어보는 경우도 있었지만 많은 이야기를 들으며 새로운 내용을
알게 되어 즐거워하기도 했다.

| 수 업 정 리 |

계몽주의 철학자들

프랑스혁명에 결정적인 영향을 준 사람들은 계몽주의 철학자들입니다. 아래 인물들은 계몽주의 시대의 인물들입니다. 내가 알고 있는 내용을 정리해 봅시다.

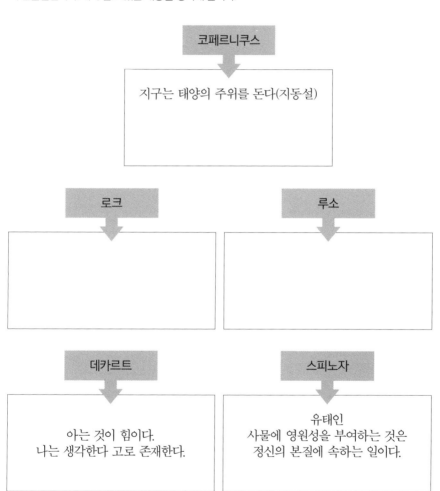

코페르니쿠스

지구는 태양의 주위를 돈다(지동설)

로크

루소

데카르트

아는 것이 힘이다.
나는 생각한다 고로 존재한다.

스피노자

유태인
사물에 영원성을 부여하는 것은
정신의 본질에 속하는 일이다.

레미제라블 ost에서 보이는 혁명의 색채

◦ 레미제라블은 그 내용이 많이 알려져 있습니다. 내가 알고 있는 레미제라블의 줄거리를 써 주세요.
(레미제라블 ost 듣기)

◦ 영화 ost와 클래식 음악을 들을 때 느낌의 차이를 말해보세요.

빙고게임

아래 네모 칸에 수업시간에 배운 단어들을 써 넣으세요.
가로, 세로, 대각선으로 단어가 다 채워지면 빙고를 외치세요.

◦ 학생(자녀)과 함께 영화 감상하기
　사전 지식 없이 자유롭게 감상하다, 감상 후 자유로운 감상 이야기하기.

◦ 우리 가족이 프랑스혁명 이후 프랑스에 사는 사람들이었다면 어떤 모습으로 살았을까?
　상상해 보세요.

아빠	
엄마	
형	
누나	
나	
동생	

◦ 계몽주의 철학자들의 이름과 주장을 아는 대로 정리해 봅시다.

이 름	
주 장	

◦ 계몽주의 철학이 프랑스대혁명에 미친 영향에 대해 토의해 보세요.

6.
천재는 노력으로 만들어질 수 있나

음악·철학·논술 융합 수업
과거와 현대의 철학에서 말하는 천재의 개념

음악, 철학, 논술 융합 수업
1. 「음악에서 읽는 철학 생각하는 논술」, 자체 교재
2. 영화 〈아마데우스〉 밀로스 포먼 감독(1984)

| 수 업 엿 보 기 |

토론의 대표로 뽑힌 학생들이 모였다. 오늘 수업에서 모둠 토론을 하면서
다음 주 패널 토론의 학생들을 지원 받았다. 본인이 지원한 학생도 있고 타의
에 의해 선택된 학생도 있었다. 패널로 뽑힌 학생들은 일주일 동안 준비를 해

야 하기 때문에 먼저 학생들의 역할을 부여했다. 입론 할 학생과 정리 할 학생을 뽑고 미리 입론 원고는 써가지고 와서 검사를 받으라고 했다.

"오늘 모둠 토론한 팀별로 한명씩 뽑힌거죠? 그럼 찬성 반대로 나누고요. 입론 할 사람과 정리할 사람을 정해요. 자원하는 사람, 입론할 사람은 미리 원고를 써서 검사 받으세요. 정리할 사람은 현장에서 토론내용을 정리해야 하니까 쓰는 방법을 미리 알려 줄게요."

"입론 원고 쓰고 나머지는 뭐 준비해요?"

"오늘 주제를 키워드로 찬성 반대 입장의 자료를 모으세요. 자료를 준비할 때는 나의 주장이유를 정리하고 상대방이 반박 할 것도 예상해서 재반론까지 준비하세요."

입론을 맡은 학생들은 원고를 써가지고 와서 독서지도사에게 검사를 받았다. 주제와 관련되는 주장을 세 가지씩 써서 A4용지 하나 정도를 쓰는 것을 힘들어 하는 학생도 있었고 쉽게 하는 학생도 있었다. 어려워하는 학생들은 자료와 첨삭을 해주며 다시 준비하게 하고 잘 하는 학생들은 더 심화된 주장을 찾을 수 있도록 도와주며 패널 토론 준비를 하였다.

| 수 업 준 비 하 기 |

융합 수업을 준비하며 음악을 선택한 이유는 음악교사의 요청이 있었기 때문이었다. 독서수업과 음악수업을 연계하고 싶다는 요청을 받고 두 과목에 철학을 넣으면 어떨까 하는 실험적인 생각을 했었다. 철학교재가 샘플로 만들

어져서 교육부에서 학교에 배부되었다. 그런데 그것을 활용할 수 있는 창의적 체험활동 시간이 확보되지 않아 도서관에서 먼지만 쌓이고 있었다. 철학교재가 만들어져 나왔다는 건 철학수업이 필요하다는 공감대가 있었다는 의미이다. 그래서 학생들이 쉽게 접근 할 수 있는 철학수업을 하고 싶었다. 음악과의 연계는 무리가 아닐까 고민했지만 철학은 고등학교 과정에서 꼭 한 번은 언급해야 할 거라는 생각을 했고 모든 학문은 통한다는 사고를 갖고 있었기 때문에 가능한 기획이었다. 「음악에서 읽는 철학 생각하는 논술」이라는 제목의 교재를 만들어 수업을 준비했다.

음악, 철학, 논술을 융합하여 수업하는 기획을 하며 모차르트를 주제로 수업을 하면 좋겠다는 음악 선생님의 의견을 들었다. 모차르트 하면 모르는 사람이 없을 정도로 유명한 음악가이고 그의 음악은 현대에도 빛을 발하고 있으므로 필요하다는 의견 접근을 보았다. 수업을 효과적으로 할 수 있는 자료를 찾다가 영화 〈아마데우스〉를 선택했다. 모차르트와 살리에르를 비교하여 두 사람의 음악에 대한 열정을 보여준 작품이기 때문에 학생들에게 흥미로울 수 있고 두 사람을 비교하며 주제를 이끌어 낼 수 있을 거라 생각되었다.

〈아마데우스〉는 영화로 만들어진 것이 이외에 요즘에도 뮤지컬이나 연극으로도 상연되고 있다. 그래서 유튜브(youtube.com)에 영화의 편집본이 있어 수업에 적절하게 사용할 수 있겠다는 판단이 들었다. 15분 정도의 시간이 소요되므로 적당한 길이였다. 소재를 찾았으면 수업 방법을 고민해야 했다. 영화 속의 두 인물 모차르트와 살리에르의 이야기를 소재로 하기로 했으니 천재성에 대한 주제로 토론을 하는 것이 좋겠다고 생각했다. 천재의 개념이 과거와 현대가 다르게 인식되고 있다는 생각도 하며 주제를 선정하였다.

과거 철학자들의 천재에 대한 개념 정리와 오늘날 실험적으로 밝혀지는 천재의 모습과 기여 등을 수업에서 살펴보면 좋을 거라고 생각했다. 음악가의 이야기를 하면서 철학을 하는 것이 연관성이 적어 보이지만 철학은 생활의 모든 것에 영향을 미친다고 생각했기 때문에 가능한 기획이었다. 고대 철학자 아리스토텔레스의 견해부터 낭만주의 계몽주의 시대의 천재 개념까지 알아보며 철학에서 말하는 천재에 대한 개념 변화도 살펴보기로 했다.

수업 방법은 토론으로 진행하기로 했다. 강의식으로 바탕 수업을 진행한 후, 토론을 진행하면 학생들의 활동이 된다. 모둠 토론으로 보편적인 이야기를 나누고 팀마다 한 명씩 대표를 뽑아 패널 토론을 하면 이미 모둠 토론에서 주제에 대한 생각이 열려서 좀 더 심화할 수 있는 시간을 가질 수 있다는 생각이 들었다.

| 수 업 들 어 가 기 |

음악교사가 모차르트와 살리에르에 대한 설명을 하면서 영화 〈아마데우스〉의 편집본을 보여 주었다. 20여 년이 지났지만 좋은 영화로 평가 받고 있는 작품이다 보니 학생들도 관심 있게 보고 집중력이 높았다. 음악가를 음악으로만 접하는 것보다 영화의 설명이 더해지니 학생들의 이해도가 올라가는 것 같았다. 모차르트는 작품으로 접하지만 당대의 유명인 살리에르는 알지 못하고 지나갔을 거라는 생각도 들었다. 모차르트의 〈작은별〉 변주곡을 들으면서 모차르트 작품의 우수성을 확인하는 시간도 되었다. 동요로 알고 있는 〈작은별〉이 다양한 변주곡으로 명곡연주처럼 보이는 것을 보며 모차르트의 천재성을 확인하는 시간이 되었다.

독서지도사가 이어서 천재의 개념에 대해 교재와 PPT를 사용해 설명했다. 천재의 고전적 개념과 현대적 개념의 차이에 대해 이야기했다. 아리스토텔레스의 천재의 개념과 칸트의 천재에 대한 개념 등을 말하면서 모차르트와 살리에르의 음악에 대한 열정 노력 등에 대해 학생들과 질문과 답변 형식으로

모차르트의 대표곡 <12 Variations for piano K.265 악보>

칸트의 천재론

◦ 천재란 예술에 규칙을 부여하는 재능이다.
◦ 천재란 생득적인 마음의 소질이요, 이것을 통해서 예술에 규칙을 부여하는 것이다.

노력과 선천적 재능의 비중

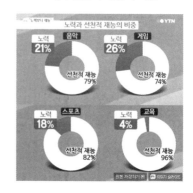

일만 시간의 법칙

◦ 빌게이츠, 비틀즈, 모차르트 등 시대를 대표하는 천재들(아웃라이어)의 공통점으로 '1만 시간의 법칙'을 꼽았다.
◦ 자신의 분야에서 최고의 자리에 오르기 위해서는 선천적 재능 대신 1만 시간 동안 꾸준히 노력해야 한다는 것이다.
◦ 1만 시간은 하루 3시간, 일주일에 20시간씩 총 10년 동안 빠짐없이 노력한 시간과 같다.

천재의 IQ

◦ 괴테 : 독일 시인, 작가, 210
◦ 스웨덴 버그 : 스웨덴 종교작가, 205
◦ 라이프니쯔 : 독일 철학, 수학, 법학, 신학 , 205
◦ 존 밀(John S. Mill) : 영국 철학, 경제, 정치 이론가, 200
◦ 파스칼 : 프랑스 수학자, 물리학자, 종교사상가, 195
◦ 비트겐슈타인 : 오스트리아 철학자, 190

두 사람의 사례를 비교하여 살펴보았다. 천재는 노력에 의해 가능함을 일만 시간의 법칙과 노력의 비율을 예로 설명했다. 천재의 기질이 있어도 노력하지 않으면 천재성을 발휘할 수 없다는 점이 공통된 의견이었다.

학생들은 천재가 노력에 의해 가능하다는 주제를 생각해보지 않았다고 했다. 천재는 당연히 태어나는 것이라고 생각했는데 노력에 의해 가능하다고 생각하는 것이 신선하다는 답변이었다. 이런 생각을 해 볼 수 있다는 점이 수업의 효과라고 여겨졌다.

살리에르는 당시 왕립악장까지 지낸 사람이지만 현재 그의 작품을 찾아보기 힘들다고 한다. 아버지의 지원을 받아 자신의 능력을 갈고 닦을 수 있었던 모차르트와 달리 의욕과 노력은 누구에게 뒤지지 않았지만 부모의 지원도 받지 못했고 후배에게 추월당하며 자신의 한계를 괴로워하는 살리에르를 보며 학생들도 동질감을 느낄 수 있다는 분위기였다.

학생들의 이해를 돕기 위해 성적의 예를 들었다. 나는 시간과 노력을 들여 10시간 이상 공부했지만 나보다 적은 시간을 공부하는 것과 같아 보이는 친구가 높은 점수를 받는다면 그 친구는 나보다 뛰어난 능력이 있다고 치부하고 경쟁을 포기해야 할까? 학생들의 의견을 찬반 양쪽의 의견이 다 있었다. 천재성을 따라갈 수 없다는 의견과 그런 능력은 한 분야에만 해당하기 때문에 경쟁을 포기 하지 말고 이기려는 노력을 해야 한다는 의견도 있었다.

그렇다면 천재는 한 분야에서만 뛰어난 사람인가? 아니면 모든 분야에서 탁월한 능력을 보여야 하나 등도 주제를 정리하는 것의 화두가 되었다. 그래서 한 분야에서만 뛰어난 사람이 천재라 정의하고 그 능력은 노력으로 가능할 수 있다는 전제로 주제의 토론을 준비했다.

| 수 업 마 무 리 하 기 |

앞에서 준비한 자료를 토론기록장에 정리하고 5~6명을 한 팀으로 모둠 토

론을 진행하였다. 그리고 찬성 반대를 기계적으로 나누었다. 오른쪽 학생들은 찬성, 왼쪽 자리 학생들은 반대 등으로 나누었다. 찬성 반대를 학생들에게 선택하게 하면 잘 나뉘지 않기 때문에 교사가 지정해주고 준비 시간을 5분 정도 준 다음 토론을 진행하였다. 한 반에서 절반 정도는 잘 진행되는 모둠이고 20% 정도는 토론이 잘 안되는 팀도 있다. 이런 팀은 교사가 개입하여 적절한 도움을 주면서 진행한다.

모둠 토론을 하면서 패널 토론의 대표를 뽑았다. 일주일의 준비 기간을 거쳐 패널 토론을 진행했다. 이미 모둠 토론을 하면서 주제에 대한 자신의 생각을 정리해 보았기 때문에 토론장면을 보는 눈이 진지했다. 토론 중간에 방청하는 학생들에게 의견을 제시할 기회를 주었더니 패널보다 더 좋은 의견이 나오기도 했다.

토론 후 학생들에게 소감을 물어보았다. 모둠 토론을 할 때는 토론이 어색하고 의견을 말하는 것이 쉽지 않았지만 토론의 맛을 보았기 때문에 좋았다고 했다. 패널로 참여 한 학생들은 일주일의 준비 기간 동안 자료를 준비하며 주제에 대해 여러 가지 경로의 학습을 할 수 있었다고 했다. 방청했던 학생들도 모둠 토론을 해 보았기 때문에 패널들의 토론 모습이 대단해 보였다고 했다. 다양하고 심화된 주장을 하는 모습을 보고 많이 배울 수 있었다는 발표를 했다. 토론을 경험해보고 방청했기 때문에 더 효과적인 방청이 되었다는 생각이 들었다.

모차르트와 살리에르, 타고난 천재와 노력형 천재의 모습을 지켜보면서 한 분야에서 이름을 날리는 사람들의 노력의 대담함을 알았다고 하는 학생이 있었다. 한 주제를 깊이 있게 생각해보는 작업은 토론이 가장 효과적이라는 것을 새삼스럽게 확인했다.

| 수 업 정 리 |

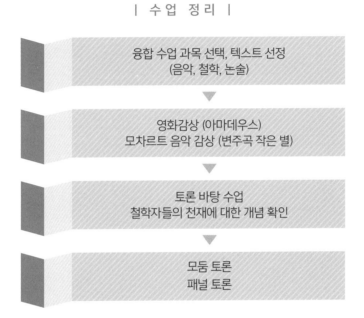

융합 수업 과목 선택, 텍스트 선정
(음악, 철학, 논술)

▼

영화감상 (아마데우스)
모차르트 음악 감상 (변주곡 작은 별)

▼

토론 바탕 수업
철학자들의 천재에 대한 개념 확인

▼

모둠 토론
패널 토론

토의 토론 준비표

안 건	천재는 만들어질 수 있다.	
결 론	그렇다	그렇지 않다
이 유		
설 명		
반론꺾기		
정 리		

패널 토론 기록장

날짜	
주제	
팀원	

발언자	찬성	반대
정리		

영화 <아마데우스>를 수업 전에 모두 보고 왔다는 전제 하에 수업을 기획합니다.

1. 음악영화 읽기

◦ <아마데우스>는 음악영화입니다. 음악영화를 볼 때 중요하게 생각해야 할 점은 무엇인가?

◦ 살리에르라는 이름을 들어본 적이 있나요? 영화를 보면서 영화 속의 음악을 주의 깊게 듣고 감상을
   메모해 보세요. 모차르트와 살리에르를 비교하면서 영화를 보세요.

2. 수업 중

◦ 영화에 대한 감상을 자유롭게 이야기해 보세요.

◦ 영화 속에서 보이는 모차르트와 살리에르의 특징과 성격에 대해 발표해 보세요.

◦ 영화에서 보고 들은 음악, 다른 영화의 음악과 다른 점은 무엇인가요?

◦ 영화의 주인공은 살리에르입니다. 영화감독은 왜 주인공을 모차르트가 아닌 살리에르로 했을까요?

◦ 모짜르트의 아버지와 살리에르의 아버지를 비교해 보고 그들을 평가해 보세요.

	자녀양육의 모습	음악에 대한 이해
살리에르의 아버지		
모차르트의 아버지		

◦ 모차르트는 타고 난 음악천재라는 말을 많이 듣습니다. 그 이유를 영화 속에서 찾아보세요.

◦ 모차르트가 유명해지기 전에 살리에르는 인정받는 음악전문가였습니다. 그러나 모차르트를 보면서
   많은 질투를 하고 괴로워했습니다. 그 이유는 무엇인가요?

◦ 여러분이 살리에르라면 모차르트가 자신보다 호평을 받을 때 어떻게 행동했을지 말해보세요.

◦ 내가 모차르트와 살리에르를 소재로 영화를 만든다면 어떤 영화를 만들지 시놉시스를 만들어 보세요.

7.
토론문화 만들기
토론대회를 축제로

| 수 업 엿 보 기 |

1) 토론대회 엿보기

"오늘 참여해주신 학생들 고맙습니다. 이제 토론대회를 시작하려고 합니다. 여기에 온 방청객들은 평가도 해야 합니다. 평가의 방법은 나누어 드린 유인물을 참고하세요. 우리 반 학생이어서, 나랑 친한 친구라서 객관적이지 못한 평가를 하시면 안됩니다."

토론대회를 시작하기 전 방청객으로 온 학생들에게 당부하고 있는 모습이다. 교과수업 시간 토론수업을 진행하면서 학생들에게 토론은 익숙한 일이 되었다. 그래서 교내 토론대회를 하며 참여하는 학생이 토론을 신청한 친구들말고 방청객도 많이 오게 되었다. 토론이 일상화 되며 토론문화 형성에 기여를 한 것이다.

"오늘의 주제를 잘 확인하고 공정한 평가를 해주세요. 오늘은 방청하는 학생들도 참여하는 시간이 있습니다. 토론 중간에 질문으로 참여할 시간을 줄거니까 기대하세요." "질문하며 앞에 있는 학생들과 토론을 하는 건가요?" "그럼요. 패널로 나온 학생들과 토론하는 시간이 되는 거예요. 참여하면 선물도 있습니다." "와! 그럼 나도 해야지."

바라보기만 하며 앉아 있을 거라 생각했는데 토론에 참여 할 수 있다고하니 즐거워하는 모습이었다. 수업 시간에 교과 토론수업을 진행하면서 토론이 익숙하게 된 이유이기도 했다.

2) 토론대회 준비하기
전교생이 보고 배우는 행사

독서지도사가 진행하기 이전의 토론대회는 몇몇 참여자들만 있는 소수를 위한 행사였다. 그래서 토론대회를 하는지 조차도 모르는 학생들이 대부분이었다. 토론이 남들에게 보여지기 위한 행사는 아니지만 소수만을 위한 행사가 아니라 전교생이 관심을 갖는 행사가 되어야 한다고 생각했다. 그렇다면 많은 사람이 참여하여 보여주기도 하고, 보면서 배우는 시간이 될 수 있을 거라 여겨졌다. 그래서 우리학교의 토론대회는 대회 참가자로 접수한 학생들만 하는 것이 아니고 행사를 같이 하고 싶은 모든 학생과 함께 다양한 모습으로 진행했다. 토론대회는 승패를 가르는 형식을 가지고 있지만 더 큰 목적이 있기 때문이다. 토론을 진행하며 내가 알지 못하고 하지 못했던 생각과 아이디어를 다른 사람의 입을 통해 듣고 습득할 수 있다. 이런 이유로 토론대회는 많은 사람들이 참여할수록 토론문화를 형성하는 좋은 파급 효과가 생기는 행사이다.

토론대회 진행절차

토론대회 주제 확정 ⋯▶ 관련 도서 주문 ⋯▶ 토론대회 공고 ⋯▶ 접수시작(개별 접수) ⋯▶ 관련도서 안내(관련 도서대여) ⋯▶ 원고 취합(주제에 맞춘 찬성 반대 입장의 원고작성) ⋯▶ 토론예선 진행(개별 대결) ⋯▶ 예선 합격자 발표 ⋯▶ 본선 진행 (학생 수준 고려 팀 확정) ⋯▶ 방청객 모집(각 반 신청자 명단 미리 받음) ⋯▶ 본선대회 (4팀 토너멘트 준결승 2회 결승 1회) ⋯▶ 대회 후 간담회(대회 참여자 피드백)

3) 토론대회 들어가기

주제선정

토론대회를 진행 할 때 가장 중요한 것은 주제를 선정하는 일이다. 학생들이 이해하기 쉽고 학습에 도움이 될 만한 주제를 선정하게 된다. 도서에서 주제를 찾을 때도 있고, 시사적인 주제를 찾을 때도 있다. 주제를 선정하면서 적합한 내용을 찾아내기가 그리 쉽지 않다. 익숙한 주제를 선택하면 신선함이 없어 지루해질 수 있고, 새롭고 신선한 주제를 찾다보면 자료를 찾아내기 힘든 경우도 있다. 한때는 교육청에서 중학교, 고등학교에 적합한 주제를 선정하여 보급하는 경우도 있었는데 대부분 당시에 시사적으로 이슈가 되는 주제들이었다.

주제를 선정하면 주제를 이해하고 분석하는데 도움이 되는 자료들을 찾게 되는데, 인터넷에서 자료를 찾기도 하지만 참고도서도 빼놓지 않는다. 주제에 맞는 시사자료 찾기와 참고도서의 읽기는 학생들의 지식과 상식을 넓게 하고 사고력을 높이는데 도움이 된다. 주제에 맞는 도서를 취합하고 선정하면 학교의 도서 구입비로 구매를 한다. 토론대회에 참여하는 학생들의 숫자를 고려하여 복본으로 구입하고 준비한다.

> **토론 주제**
>
> 전쟁은 식량의 공평한 분배로 막을 수 있다.
> 디지털 미디어는 현대인을 치매로 만든다.
> 선행학습, 금지해야 한다.
> 노후복지, 국가가 책임져야 한다.
> 동성결혼, 법적허용 필요한가
> 연예인 대학 특례입학 해야 하나

앞의 준비에 의해 토론대회의 일시를 공고한다. 토론대회의 시기는 여러 가지 학사일정을 고려해야 한다. 중간고사가 끝난 후 수행평가가 있는 경우가 많다. 학생들이 부담을 적게 갖는 시기를 선정하여 공고한다. 일시 공고 시기는 예선 10일 전, 예선과 본선 사이의 기간은 일주일 정도가 적당하다. 예선은 개별 대결이 되어 개인전으로 진행한다. 그 후 예선에 통과한 학생을 대상으로 팀을 구성하게 된다. 미리 팀으로 받지 않는 이유는 학생들이 대결이 가능한 수준으로 팀이 되기 어렵기 때문이다. 친한 친구나 실력 있는 친구끼리 모이면 그렇지 않은 친구들이 미리 겁을 먹고 좌절하여 참여도가 적은 경우도 있다. 그래서 교사가 임의로 예선 통과자의 팀을 구성하여 본선을 준비하게 했다.

대회를 준비하면서 주제를 위한 자료를 모으는데 준비한 도서를 대여하여 보게 하였다. 책은 한정되어 있고 시간도 촉박하다 보니 200~300쪽 정도의 책을 하루 이틀 만에 읽어야 하는 스케줄이 되었다. 그래도 참여한 학생들은 몰입하여 잘 읽고 자료를 분석하는 모습을 보여주었다. 독서에 적합성은 목적의식이 있을 때라는 진리를 새삼스럽게 깨닫는 시간이었다.

노하우를 공유하는 토론대회 팀 구성

본선 팀은 학생들의 수준과 학년을 고려하여 구성한다. 경험이 있는 고학년 학생을 팀장으로 하여 저학년 팀원들을 리드하게 하고 일주일 동안 같이 만나 준비하게 했다. 처음 만나는 학생들도 있었으나 목적이 같은 사람들이기 때문에 집중력 있게 스터디 모임을 가졌다. 주제의 세밀한 부분까지 신경 쓰며 지도교사에게는 입론, 정리 원고를 2~3회 정도 첨삭해준다. 열심히 준비하는 가운데 실력이 향상되는 모습도 보였다. 선배가 후배들에게 자신이 알고 있는 토론의 방법과 자료 찾는 방법, 대회의 노하우를 전달하며 자연스럽게 끈끈한 정감이 있는 팀으로 변화했다. 본선대회는 토너먼트로 진행한다. 4팀 3명으로 이루어진 학생들이 미리 준결승을 치른다. 예선에 했던 주제로 준결승을 하고 결승에 오른 두 팀이 다른 주제로 결승전을 진행한다. 하나의 주제로 세 번씩 토론하게 되면 본인들뿐만 아니라 방청객도 지루하기 때문에 결승 주제를 다른 것으로 진행하였다. 나름대로 단점이 있기도 하다. 짧은 시간에 두 개의 주제로 준비를 하는 대회 참가자들은 매우 바쁜 일정을 소화해야 하고, 그래서 간혹 주제파악을 힘들어 하는 경우도 있었다.

방청객이 즐거운 대회

본선대회를 진행하기에 앞서 방청객을 모집하였다. 토론대회의 방청을 하게 되면 토론 주제에 대한 전문적이고 심화된 내용을 들을 수 있다. 평소에 생각하지 못했던 방향의 의견을 다양하게 들을 수 있어 다양한 지식 습득이 가능하고 사고의 방법을 배울 수 있는 기회이다. 그래서 미리 방청객의 지원을 받아 본선에 대비한다. 이들에게 심사의 방법에 대해 미리 알려주고 심사에 참여하게 한다.

방청객은 토론대회를 구경하고 싶은 학생들과 야간 자율학습 시간을 빠질 수 있다는 기대로 신청하는 경우도 있었다. 그래서 너무 많은 학생이 오는 것을 방지하기 위해 미리 신청을 하게했다. 너무 산만한 학생이 오게 되면 대회 분위기를 좋은 방향으로 이끌 수 없었기 때문이다. 그런데 걱정은 기우에 불과했다. 미리 신청한 학생들은 놀러 온 친구보다 토론에 관심이 있거나 대회에 참가한 친구들을 응원하기 위해 온 학생들이 훨씬 많았다. 그래서 장난삼아 참여했던 학생들도 분위기에 젖어 진지한 관람자가 되었다. 토론대회를 시작하기 전 관람한 학생들에게 토론대회의 취지와 참여 방법에 대해 안내를 하였다. 우리 반 친구가 나온 팀에 대해 열렬히 반응하며 지지를 표하고 상대 팀에 대해 예의를 표하는 일에 대해 이야기하고 공감하며 시작하였다. 나름대로 반에서 능력 있다는 평가를 받는 학생들이 참여하는 토론이어서 학생 눈

높이에 맞는 생각이나 의견으로 토론하니 공감하는 경우가 많았다. 또 스타의식이 있는 참여자는 학생들의 흥미를 끌만한 유머를 구사하며 관객의 점수를 따기도 하였다.

　방청객이 심사에 참여하는 것은 1명에 1점의 권리가 주어진다. 교사가 1인 20점, 3인이 참여하기 때문에 승패에 영향을 미치는 않는 경우가 많지만 간혹 영향을 줄 때도 있다. 학생들이 친구나 아는 사람의 편을 들어 공정하지 못한 평가를 할 거라는 생각은 기우에 불과했다. 학생들은 논리적이고 타당한 의견을 조리 있게 주장한 팀에게 아낌없이 점수를 주었다. 간혹 학생들의 활약과 관계없이 주제의 찬반 의견에 따라 승패를 결정하는 학생들이 있다. 한 번은 토론의 주제를 "연예인 대학 특례입학 해야 하나"로 잡고 진행한 적이 있다. 고등학교이다 보니 대학입시가 중요한 화두였고, 실력과 관계없이 연예인이라는 이유로 좋은 대학에 들어가는 사례가 맘에 들지 않는 학생이 많았던 것 같다. 그래서 이 의견에 반대한 팀에 모두 승점을 주는 경우가 있었다. 토론의 본질을 잘 이해 못한 경우로 볼 수 있다.

　토론이 진행되는 동안 팀 대항의 찬반 토론이 마무리 되면 방청한 학생들이 질문하거나 반박할 수 있는 시간을 주었다. 토론하는 상황을 보며 자신의 의견을 가질 수 있고 토론을 진행하는 학생들의 의견에 반박하고 싶은 경우가 있을 것이기 때문이다. 방청객의 질문을 많이 유도하기 위해 질문하는 학생에게 선물을 주기로 했다. 질문 시간에 여러 학생들이 열띠게 참여하여 손을 들며 의견을 발표하였다. 단상에(토론대회를 조금 높은 무대에서 진행 함) 있는 학생을 지정하거나 찬성 반대를 맡은 팀을 지정하여 질문하는 방식이었다. 그런데 방청하는 학생의 질문이 대회에 참여한 학생들의 발언 내용보다 더 진지하고 수준 있는 경우도 있었다. 질문과 답변 반박의 순서로 진행되다 보니 시간이 아쉬울 만큼 진지한 시간이 되었다. 여러 번 이런 방법으로 토론대회가 진행되니 이 시간의 질문이 좋아 방청하는 학생도 생겼다. 물론 질문이 끝나고 작은 선물이지만 받아가는 학생을 모두 부러운 눈초리로 쳐다보았다.

방청객이 토론대회 패널되다

이러한 패턴의 방청객 참여는 토론대회 참여 학생을 늘리는 효과도 있었다. 1년에 두 번씩(학기별) 대회를 진행하였는데 1학기에 방청객으로 왔던 학생이 2학기 토론대회의 패널이 되는 경우도 종종 생겼다. 토론대회는 몇몇 소수의 말 잘하는 학생들의 전유물이라고 생각했는데 대회를 방청해 보니 말을 잘하는 것보다 주제에 맞는 논리적 생각과 표현이 필요하다는 점을 알았다는 것이다. 말을 잘하는 것이 토론에 도움이 되기도 하지만 절대적인 조건이 아니라는 이해가 있었다. 토론대회의 방청객은 대회를 축제로 만드는 가장 중요한 요소이다.

4) 토론대회 마무리

토론대회는 참가한 학생들의 시간과 정신적 투자가 가장 중요하다. 주제를 공고했을 때, 주제가 마음에 들어 참가하는 학생도 있고 토론이 하고 싶어 참가하는 학생도 있지만 생기부에 좋은 기록을 남기기 위해 참가하는 학생도 있다. 앞의 여러 가지 이유를 대는 학생들도 이 부분은 무시할 수 없는 영역이 된다. 그래서 이들의 요구를 부응하기 위해서는 결과물이 남도록 증빙자료를 만들어야 한다. 그래서 토론대회를 할 때 예선과 본선 모두 비디오 촬영을 하였다. 본선에 참가하는 학생이 적다보니 예선만 참가한 자료도 생기부에 자료로 사용해야 했다. 이것과 사진을 찍어 학생들에게 배부하면 대학입시에 좋은 스펙이 될 수 있다. 토론대회를 위해 주제에 맞는 원고를 작성해야 한다. 이 원고는 인터넷 자료를 활용하기도 하지만 도서나 미디어 자료를 활용하여 완성한 원고이기 때문에 그 가치가 남다르다고 본다. 이 원고를 학교 신문이나 교지에 싣게 되면 학교의 기록에도 남게 되고 학생 개인에게도 잊지못할 추억이 될 수 있다. 교지는 학교의 역사이자 오랜 기간 보관되므로 훗날의 후배들에게도 기억될 수 있다.

토론대회 후 간담회

토론대회 후 그냥 마무리 하는 것보다 참여한 학생들과 간담회를 하면서 피드백을 주고 학생들의 실력을 업그레이드 하는 시간을 갖기로 했다. 간단한 다과와 함께 토론대회 동영상을 보면서 학생들의 활약을 보았다. 패널마다의 강점과 약점에 대해 언급하며 더 노력해야 할 점에 대해 말해주고 학생들의 노고를 칭찬하였다.

대회를 치르다 보면 시상 시간에 감정이 상하는 경우가 있다. 내가 더 수고하고 열심히 잘한 것 같은데 상대팀보다 낮은 평가를 받게 되면 기분이 나쁘기 때문이다. 그런 경우 평가의 상대성과 절대적인 기준에 대해 대화로 푸는 시간이 될 수 있다. 그냥 잘했다는 말로 끝내는 것보다 다음 대회에 도움이 되는 시간이 되어야 한다. 자신이 토론하는 모습을 본 일이 없는 학생들은 자신의 모습을 보면서 신기해하기도 하고 장단점을 확인해 본인의 실력을 향상시키는데 도움이 되는 시간이었다. 물론 학교에서 제공한 비용으로 피자, 치킨, 햄버거를 먹는 기분도 최상이었다.

5) 토론대회에서 상 받기

토론대회에 참가하여 상을 받는 것은 다른 경시대회보다 쉽다. 왜냐하면 참가인원이 비교적 적기 때문이다. 적은 인원에게 다른 경시대회와 비슷한 비율로 상을 주는 경우가 많아 가능한 일이다. 토론대회에서 무엇보다 중요한 것은 주제를 파악하는 것이다. 주제가 발표 되면 이것을 분석하고 자료를 찾아야 한다. 관련되는 도서, 미디어자료, 시사자료 등을 지도교사에게 문의하며 찾는다. 학교마다 추천도서가 있는 경우도 있고 없는 경우도 있다. 독서토론대회이면 필독서가 있다. 그 책을 읽고 주제와 연관되는 자료들을 읽으며 주제에 맞는 주장과 논리를 끌어내는 것이 필요하다. 논리가 어려운 것 같지만 사실 그냥 앞뒤가 맞는 문장이면 된다. 주제에 연관되는 말을 문장으로 완결지어서 말 할 때 듣는 사람들이 알아들을 수 있도록 친절한 설명을 곁들인다고 생각한다. 자신의 주장과 설명을 했을 때 상대방은 반박을 하게 된다. 이 반박을 예상하여 재반박까지 준비하면 토론대회의 논리적 말하기는 훌륭하게 이끌어 갈 수 있다.

토론대회는 찬성과 반대로 나뉘어 진행한다. 그런데 내가 찬성의 주장을 할지 반대의 주장을 할지 정하지 않고 들어가는 대회도 있다. 미리 찬반이 정해지면 그것만 준비하면 된다고 생각하겠지만 그런 경우 한쪽의 논리에만 빠져서 다양한 시각을 갖지 못한다. 토론의 목적은 상대를 이기는 것이 아니라 주제에 대한 다양한 시각을 배우는 일이다. 내가 생각하는 것은 한정적일 수밖에 없다. 그래서 다른 사람의 시각을 통해 다양한 시점을 배우고 생각의 심화를 경험하게 된다. 이런 이유로 주제의 찬성과 반대 입장을 모두 경험하는 것이 중요한 학습이다. 상대의 의견을 예상할 수 있어야 나의 설득이 힘을 받는다. 이렇게 창과 방패를 모두 갖추면 토론대회에서 상 받기는 현실로 다가올 수 있다.

토론대회의 준비로 입론서를 쓰게 하거나 토론계획서를 쓴다. 토론의 주제를 먼저 알아보고 공부하는 시간을 주기 위한 것이다. 이 시간을 활용하여 주제를 파악하고 주장의 근거와 예를 찾아 정리해야 한다. 이 원고 작성은 토론대회의 성패를 좌우하는데 절반 이상의 영향을 미친다. 그런데 의외로 원고 작성은 잘했는데 토론이 잘 안되는 학생이 있고, 원고는 부실해도 실제 토론이 잘되는 학생도 있다. 하지만 이 원고를 잘 작성해야 예선 통과가 되는 대회도 있으므로 주변의 도움을 받아서라도 해야 한다. 원고는 마무리가 중요하다. 사람들이 앞의 이야기는 잊어도 인상적인 마무리가 있으면 듣는 사람에게 잘 했다는 느낌을 줄 수 있기 때문이다.

원고준비가 되면 시간에 맞추어 잘 말 할 수 있는지 시간을 재면서 발표도 해본다. 대부분 토론대회는 시간의 제한을 둔다. 그래서 시간을 체크하는 것이 중요하다. 스톱워치를 사용하여 체크하기도 하고 대회 당일에도 스마트폰의 시계를 이용해 시간을 조절해야 한다. 팀원이 미리 결정되어 있다면 팀원과 사전 연습을 하는 것도 필요하다. 팀원 간에 입론, 찬반 토론, 정리 등의 역할을 맡아서 자신이 준비할 자료를 모아 나의 말로 정리한다. 미리 지도교사에게 검사를 받아 부족한 부분을 채운다.

대회 당일 대진 운을 기대하며 커다란 메모지를 준비한다. 상대방의 주장과 발언을 잘 듣고 메모하며 분석해야 거기에 맞는 반박과 나의 주장을 펼 수 있다. 나의 의견과 그에 대한 상대방의 반박을 예상하고 자신의 재반박까지 준비하고 있으면 토론대회 우승은 기대할 수 있다. 여기에 마지막 정리 멘트를 인상적인 것으로 준비해야 한다. 마지막 주장을 심사위원이나 방청객들이 기억할 확률이 높다. 이렇게 토론을 진행하면 수상의 영광을 얻을 것이다.

6) 토론대회 정리

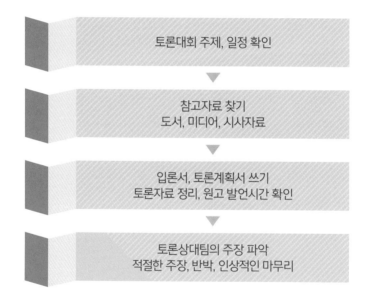

토론대회 주제, 일정 확인

참고자료 찾기
도서, 미디어, 시사자료

입론서, 토론계획서 쓰기
토론자료 정리, 원고 발언시간 확인

토론상대팀의 주장 파악
적절한 주장, 반박, 인상적인 마무리

토론대회 참고자료

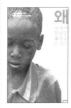

20**년 독서토론 대회

주제 전쟁은 식량의 공평한 분배로
    막을 수 있다
    빈국의 식량부족, 우리가 도와야
    하나(결승)
참고도서 왜 세계의 절반은 굶주리는
    가? (장 지글러 지음 / 갈라파고스)

◦ 참가자 : 본교 1, 2학년 학생
◦ 일정
1. 참가신청 : 9월 30일(수)~10월 12일(월)
(반드시 2인 팀을 구성하여 신청할 것 신청자 선착순 참
고도서 대여)
2. 원고제출 : 10월 12일(월)~10월 20일(화) 오후 4시까지
국어부(4층)- 김마리아 독서토론논술 선생님에게 제출
주제에 대해 자신의 생각이나 주장의 근거를 A4 2~3매
찬성 반대 입장 모두 쓸 것(글자크기 10p, 팀명·소속·이름
은 표지에 쓴다.)
3. 예선: 10월 22일(목) 오후 6:50~8:50 모둠학습실
4. 결선: 10월 29일(목) 오후 6:50~9:30 시청각실

▲ 토론대회 포스터

토론 평가 시 확인 사항

◆ 토론대회를 참관하면서 친구들의 토론을 평가해 봅시
다. 학연, 지연을 버리고 객관적인 기준의 평가를 해 주
세요.

1. 주장이 주제에 맞고, 논리적인가?
2. 상대방의 의견을 끝까지 잘 들었는가?
3. 토론의 규칙(시간, 존댓말, 토론순서)을 잘 지켰는가?
4. 상대방의 의견이 옳다고 판단 할 경우 그 사실을 인정
했나?
5. 자신이 인정한 상대방의 의견을 수렴하여 대안을 제시
하려 노력하였나?
6. 상대방의 인격을 존중하는 태도를 보였나?
7. 팀원들의 소통은 잘 되었나?

▶ 여러분의 평가는 누군가의 인생에 중요한 영향을 미칩
니다.

▲ 토론대회 방청객 평가안내

교내토론대회 후 간담회 계획

◦ 목 적 : 토론대회 참가자의 사후 피드백 및 독려
◦ 기대효과 : 토론에 대한 이해를 증진하고, 표현력에 대
한 실력을 향상시킨다.
    토론대회 참가에 대한 자부심을 높이고 행사참여의 비
율을 향상시킨다.

◦ 대 상 : 토론대회 본선 진출자 12명
◦ 일 시 : 20XX. 10. 29(수) 오후 5:00~6:30
◦ 내 용 : 토론대회 주제 선정 이유 설명
    토론대회 동영상 시청
    토론대회 발표내용에 대한 평가 등
◦ 비용산정 : 12×6,000원 = 72,000원

▲ 간담회 계획 기안

▲ 토론대회 모습

토론대회 평가서

평가 기준		점수		
		1	2	3
		이름	이름	이름
주제 적합성 (30점)	토론 주제를 잘 파악하고 있다.			
	주제에 적합한 논지로 구성되었다.			
논리성 (30점)	상대방 입론의 핵심을 정확히 이해하고 상대 논리를 사실적이고 객관적으로 모순 없이 논박하고 있다.			
	주장과 주장을 지지하는 근거를 논리적으로 타당하게 연결하고 있다.			
	자신의 일방적인 쟁점만을 제시하지 않고 상대방의 논점을 조목조목 반박하여 설득했다.			
창의성 (30점)	주제와 연관된 다양한 근거와 예를 보여 주었다.			
	주장의 내용과 발상이 원론적인 범위에 머무르지 않고 창의적이다.			
태도 (10점)	상대방의 인격을 존중하는 태도를 보이고 있다.			
	토론 규칙(시간, 지시시항 등)에 맞게 하고 있다.			
합 계				

주제 : 전쟁은 식량의 공평한 분배로 막을 수 있다.

왜 세계의 절반은 굶주리는가 장지글러 지음 / 갈라파고스
전쟁이 요리한 음식의 역사 도현신 지음 / 시대의창
음식과 먹기의 사회학 데버러 랩틴 지음 / 한울아카데미
식탁 위의 세계사 이영숙 지음 / 창비

주제 : 디지털 미디어는 현대인을 치매로 만든다

세계화와 디지털 문화시대의 한류 홍석경 지음 / 한울아카데미
창의적 생각을 키우는 IT 퍼즐 김종훈 지음 / 다올미디어
디지털 치매 만프레드슈피쳐 지음 / 북로드
청소년 디지털 소비 실태와 대책 나윤아 등 지음 / 한국청소년정책연구원
디지털 청소년 복지 이은교 지음 / 인간과복지

주제 : 선행학습, 금지해야 한다

왜 선행학습을 금지해야 할까 참부모회 지음 / 베이비북스
사교육 없는 행복한 세상(세트) / 비아북

주제 : 노후복지, 국가가 책임져야 한다

야마토마치에서 만난 노인들 김동선 지음 / 궁리
인권 최현 지음 / 책세상
노인복지정책과 사회보장제도 서강훈 지음 / 한국학술정보
일곱 제주 사회복지사 이야기 강인숙 지음 / 푸른복지

주제 : 동성결혼, 법적허용 필요한가

두 엄마 누리엘 비아누에바 페라르나우 지음 / 낭기열라
무지개 성 상담소 동성애자인권연대 지음 / 양철북
동성결혼은 사회를 어떻게 바꾸는가 리 배지트 지음 / 민음사

도서출판 이비컴의 실용서 브랜드 **이비락**◉은 더불어 사는 삶에 긍정적인 변화를
가져다 줄 유익한 책을 만들기 위해 끊임없이 노력합니다.
원고 및 기획안 문의 : bookbee@naver.com